# ふるさと東京今昔散歩

## 第2巻 羽田・大森・蒲田編

青い空、白い雲が広がる羽田空港の空港ビルと日航機。（昭和戦後期）

# Contents

# まえがき

　『ふるさと東京今昔散歩』第1巻の浅草編が出版された後、この調子でさっそく第2巻に取り掛かろうということで、僕としては、次は向島とか上野、あるいは隅田川あたりかな？と思っていたのですが、何と生田さんから「羽田、大森辺りはどうですか」との提案がありました。こりゃ意外なところが来たな、とは思いつつも、面白いかも・・と。実は羽田近辺の景色の変化、さしずめ海水浴場や穴守稲荷神社が飛行場に変わって行くという歴史にはもともと興味があって、絵葉書も以前から集めてはいたのです。それならば、やってみますか！と言う運びになり、この本が誕生することになりました。

　コンサートツアーや旅行に行く時以外は、なかなか馴染みのない羽田。そして蒲田や大森のことも今回改めて調べてみると、これがなかなか面白い。思いがけず、それぞれの街にそれぞれの歴史や物語があって、知れば知るほど興味が沸き、またまたその深みにハマって行ったのです。

坂崎幸之助

東海道本線に沿って蒲田・大森の街が広がる。

穴守稲荷神社の本殿【明治後期】茅葺屋根だった穴守稲荷神社の本殿。1886（明治19）年の建立。
**Main shrine of Anamori Inari Shrine【Late Meiji Era】**
The main shrine of Anamori Inari Shrine had a thatched roof. Built in 1886 (Meiji 19).

# 01 行楽地 羽田・穴守
**CHAPTER**
## Resort, Haneda, Anamori

## 01-1 穴守稲荷神社

　現在、京急空港線の穴守稲荷駅付近にある穴守稲荷神社は、戦前には東側を流れる海老取川の対岸に広がる、羽田空港の敷地内に広い社地を有していた。この神社の起源は、羽田猟師村の名主、鈴木彌五右衛門が1815（文化12）年に干潟を干拓して開発した鈴木新田に、堤防の被害（穴）から守る祠を設けたことに始まる。もともと羽田の地には弁天社があり、浮世絵にも描かれる名所として有名だったが、明治期に衰退していった。これに変わって、女性を中心に信仰を集めたのが鈴木新田の新しい祠で、1886（明治19）年に穴守稲荷神社と改称し、本殿が竣工している。

　1894（明治27）年、羽田で鉱泉が発見されて、海水浴や潮干狩ができる場所としても羽田が注目されるようになる。神社の周囲、参道には料亭、旅館が建ち並ぶようになり、官設鉄道（現・JR）・私鉄（現・京急）の交通機関が整備されたことも加わり、戦前の穴守稲荷神社は東京屈指の人気参詣地となっていた。しかし、1945（昭和20）年9月、羽田飛行場の拡張を目的としたGHQによる強制退去命令が下され、現在地に遷座した。

**（中）新築された拝殿【大正期】**
1912（大正元）年に竣工した拝殿。
**Newly built prayer hall【Taisho Era】**
Prayer hall completed in 1912 (Taisho 1).

**（下）神宝奉献式祭場に向かう神主【大正期】**
勢揃いして祭場に向かう神主たち。
**Priests heading to the Shinto treasure dedication ceremony【Taisho Era】**
Priests gathered to head to the festival ground.

境内の鳥居群【明治後期】境内に並んだ鳥居群。奥に本殿の屋根が見える。
**Torii group in the precincts【Late Meiji Era】**
Torii gates lined through the shrine grounds. The roof of the main shrine can be seen in the back.

# 01-2 穴守稲荷神社の鳥居群

鳥居のトンネル【明治後期】神社の境内、参道にはこうした鳥居のトンネルが各所にあった。
**Torii tunnel【Late Meiji Era】** There were many torii tunnels on the approach to the shrine.

穴守稲荷神社の境内【現在】穴守稲荷神社は戦後、現在地に移転した。
**Anamori Inari Shrine grounds【present day】** Anamori Inari Shrine relocated to its current location after the war.

参道に積まれた鳥居【昭和戦前期】左手前に「海の家順路」の看板が見える鳥居道。
**Torii on the approach to the shrine【Prewar Showa Era】**
The torii road where you can see the signboard of "Umi no Ie Route (Sea house route)" on the left front.

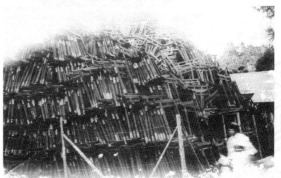

鳥居の山【大正期】信者が奉納した夥しい数の鳥居が積まれて山を成していた。
**Torii Mountain【Taisho Era】** A large number of torii gates dedicated by believers were piled up to form a mountain.

空中から見た
穴守稲荷神社の境内
【昭和戦前期】
空から見た神社の境内。奥に運動場が広がっている。
**Anamori Inari Shrine grounds seen from the air【Prewar Showa Era】**
The grounds of the shrine seen from the sky. There is an field in the back.

リヨ中空
ルタ見
景全守穴
PANORAMA
OF ANAMORI,
HANEDA.

# 01-3 穴守稲荷神社の境内・諸堂

穴守稲荷神社の俯瞰【現在】
稲荷山から見た穴守稲荷神社の周辺。
**A bird's-eye view of Anamori Inari Shrine【present day】**
Area near Anamori Inari Shrine as seen from Mt. Inari.

穴守稲荷神社、稲荷山
【現在】
2020（令和2）年に誕生した稲荷山。
**Anamori Inari Shrine, Mt. Inari**
【present day】
Mt. Inari was born in 2020 (Reiwa 2).

穴守稲荷神社の境内、拝殿【昭和戦前期】
美しく整備されている神社の境内、拝殿。
**Anamori Inari Shrine grounds, worship hall**
【Prewar Showa Era】 The beautifully maintained shrine grounds and prayer hall.

## ◇穴守稲荷神社◇

今回のメインのひとつなので、まずはここを訪ねなければ話にならない。ということで、生まれて初めて穴守稲荷神社。自分としてはこれまで神社仏閣にはさほど関心はなかったのですが、年齢のせいでしょうかたいへん興味深く、思いのほか長居させて頂きました。物凄い数の鳥居をくぐったり、天空にそびえる稲荷山まで上ってみたり、うろうろウロウロ…。鳥居も多いし、境内にはお狐さんも無数にいらっしゃる。芸能界からの参拝者も多いそうです。帰った後で気付いたのですが、御朱印頂いてくるのを忘れていました。また改めて伺います。

（左）穴守稲荷神社の築山【明治後期】本殿の脇にあった築山には、参詣客が登ることができた。
**Anamori Inari Shrine Tsukiyama (artificial hill)【Late Meiji Era】**
Worshipers could climb the artificial hill beside the main shrine.
（右）穴守稲荷神社の境内【昭和戦前期】築山から見た境内。鳥居の山が見える。
**Anamori Inari Shrine grounds【Prewar Showa Era】**
The grounds seen from Tsukiyama. You can see the torii mountain.

（左）穴守稲荷神社の遊園【大正期】境内の海側には池のある遊園（庭園）が整備されていた。
**Anamori Inari Shrine Amusement Park【Taisho Era】** An amusement park (garden) with a pond was maintained on the sea side of the grounds.
（右）穴守稲荷神社の御砂場【大正期】参詣者が御砂を拝受する御砂場。
**Anamori Inari Shrine sandbox【Taisho era】** A sandbox where worshipers receive the sand.

落成した拝殿、式場【大正期】
拝殿竣工を祝い、多くの人が足場の上に登っている。
**Completed worship hall, ceremony hall【Taisho Era】**
Many people are climbing on the scaffolding to celebrate the completion of the worship hall.

穴守稲荷神社の築山【昭和戦前期】
２匹の狐が築山を守るように置かれていた。
**Anamori Inari Shrine Tsukiyama【Prewar Showa Era】**
Two foxes were placed to protect the artificial hill.

稲荷橋と川沿いの道【明治後期】海老取川の川辺を歩く人々。稲荷橋の右側に神社の参道がある。
**Inaribashi Bridge and the road along the river【Late Meiji Era】** People walking along the banks of the Ebitorigawa River. The approach to the shrine is on the right side of Inaribashi Bridge.

海老取川と稲荷橋【現在】
現在の稲荷橋は紅白に塗られている。
**Ebitorigawa River and Inaribashi Bridge【present day】**
The current Inaribashi Bridge is painted red and white.

# 01-4 稲荷橋と海老取川

稲荷橋と海老取川【明治後期】
水運を担う舟が行く海老取川と、木橋だった稲荷橋。
**Inaribashi Bridge and Ebitorigawa River【Late Meiji Era】**
The Ebitorigawa River with boats used for water transportation, the wooden Inaribashi Bridge.

　多摩川の支流である海老取川は、羽田6丁目付近から北に流れて東京湾に注いでいる。現在は羽田の市街地と東京国際空港を分けて流れているが、以前は羽田猟師町と羽田穴守町を隔てて流れていた。海老取川には、古くは南側に穴守橋だけが架かっており、現在の稲荷橋付近には渡し舟が存在した、明治30年代半ば、ここに稲荷橋が架橋されると、稲荷橋を渡る道が穴守稲荷神社方面に向かうメインストリートとなった。1902（明治35）年に開通した京浜電気鉄道（現・京急）の穴守（現・空港）線は1913（大正2）年、海老取川を渡って約800メートル東側に延伸して、新しい穴守駅（二代目）が誕生したことで、さらに神社への参詣が便利になった。

稲荷橋を渡る女学生【明治後期〜大正期】
埼玉女子師範学校の女学生らが修学旅行で羽田を訪れた。
**Female students crossing the Inaribashi Bridge【Late Meiji to Taisho Era】**
Female students from Saitama Women's Normal School visited Haneda on a school trip.

正面から見た稲荷橋、女学生【明治後期〜大正期】
稲荷橋を渡る埼玉女子師範学校の女学生。
**Inaribashi Bridge seen from the front, female student【Late Meiji to Taisho Era】**
A female student at Saitama Women's Normal School crossing the Inaribashi Bridge.

奉納鳥居の列【明治後期】神社境内の裏（海）側にも鳥居の列が並んでいた。
**Dedication torii line【Late Meiji Era】**
There were also rows of torii gates on the back (sea) side of the shrine grounds.

# 01-5 羽田の参道・鳥居道

鳥居のトンネル【大正期】
道路に沿って並んでいる鳥居のトンネル。
**Torii tunnel【Taisho Era】**
Torii tunnels lined up along the road.

鳥居道を歩く人々【大正期】
参道の両脇には料理店と燈籠、鳥居が並んでいた。
**People walking on the torii road【Taisho Era】**
There were restaurants, lanterns, and torii gates on both sides of the approach.

新道の鳥居【大正期】
稲荷新道？を歩く男性の親子。
**Torii on the new road【Taisho Era】**
A male parent and child walking on the Inari Shindo (?).

穴守稲荷神社の参道【大正期】大きな鳥居が連なっている神社の参道。両側には旅館、土産物店。
**Anamori Inari Shrine approach【Taisho Era】**
The approach to a shrine with a series of large torii gates. There are inns and souvenir shops on both sides.

**参道に並んだ料理店【明治後期】** 神社の参道、本殿付近に並んでいた料理店、客引きの女性。
**Restaurants lined up along the approach【Late Meiji Era】**
The restaurants and women calling out to customers lined up near the approach to the shrine and main shrine.

# 01-6 穴守稲荷神社の門前

　羽田の穴守稲荷神社を訪れるには、西側の蒲田方面から徒歩あるいは人力車で参詣する人が多かった。また、南を流れる多摩川（六郷川）には、川崎方面と結ぶ羽田の渡しがあり、北の森ケ崎方面とも渡し舟が運航されていた。

　羽田（穴守）の門前町は、穴守稲荷神社の南西に広がっており、参道沿いに料理店、土産物店などがびっしりと並んでいた。羽田を代表する鉱泉旅館には「要館」や「羽田館」「泉館」などがあったが、こうした旅館の中には大正期に起こった水害により衰退したものもある。一方、神社の東側では、東貫川に東貫橋が架けられて、羽田競馬場、扇が浦海水浴場・潮干狩場が誕生する。北側には後に羽田海水浴場、プール、羽田飛行場が開かれた。

**穴守稲荷神社の参道【現在】**
現在は住宅街の中に建っている。
**The approach to Anamori Inari Shrine【present day】**
It currently stands in a residential area.

**参道に並んだ料理店【明治中期】**
料理店が並ぶ参道。まだ石畳は敷かれていなかった。
**Restaurants lined up along the approach to the shrine【Mid-Meiji Era】**
The approach where the restaurants lined up. The stone pavement had not been laid yet.

羽田穴守の市街、塔【明治後期】中央新聞社が奉納した時計台が高く聳えている。
Haneda Anamori city, tower【Late Meiji Era】The clock tower dedicated by the Chuo Shimbun is towering high.

# 01-7 穴守・羽田の街並み

参道を歩く人々【明治後期】
参道に並んだ鳥居をくぐって歩く人々。
**People walking along the approach to the shrine【Late Meiji Era】** People walking through the torii gates lined up along the approach.

参道に並んだ料理店【明治後期】
子供たちが見える参道の風景。明治43（1910）年のスタンプが押されている。
**Restaurants lined up along the approach【Late Meiji Era】** The scenery of the approach with children visible. Affixed with a stamp from 1910 (Meiji 43).

料理店「要家」の店頭【明治後期】
参道に店を構えていた料理店「要家」。「海水　温浴　御料理」の看板が見える。
**Storefront of restaurant "Kanameya"【Late Meiji Era】**
The restaurant "Kanameya" that had a store on the approach. You can see the signboard of "Beaches, hot springs, meals".

料理店「要家」の中庭【明治後期】
「要家」の中庭、店の主人と孫か。
**The courtyard of the restaurant "Kanameya"【Late Meiji Era】** The courtyard of the main house, perhaps the owner and his grandson.

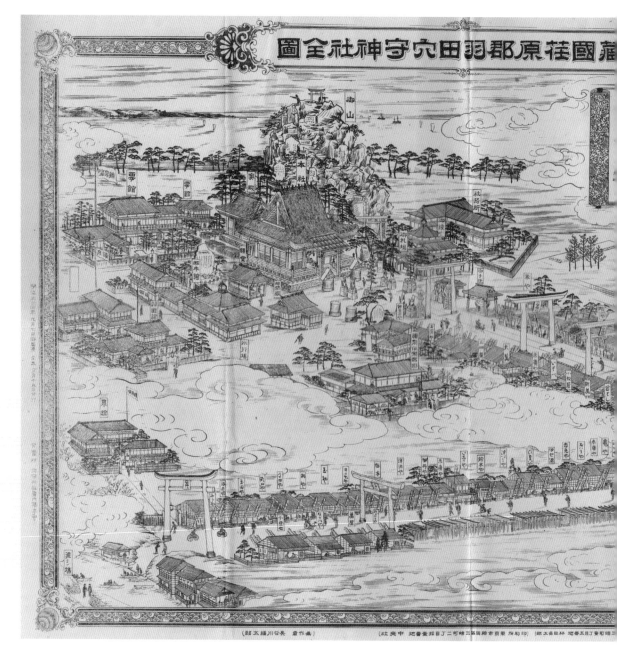

# 01-8 羽田穴守神社全図

　1901（明治34）年に発行された「武蔵国荏原郡羽田穴守神社全図」には、神社の境内とともに参道付近の様子が詳しく描かれている。左下を流れる海老取川には、まだ稲荷橋は架橋されておらず、渡し場の間を舟が往来していた。道の左手には旅館「泉館」が見えるが、ここは羽田の旅館の特色である鉱泉があり、釣り堀を備えていた。

　この2年前の1899（明治32）年には、稲荷橋を渡って穴守稲荷神社の南側に至る新道が開かれていた。

この「新道」には、複数の大きな鳥居が設置され、商店や料理店とともに、小さな鳥居が並ぶトンネルもできている。神社の門前、北に向かうメインの参道との交差点には、料理店「角屋（角宇）」が存在した。神社の境内を見ると、本社（殿）の奥に奥殿、御山（築山）があり、海（東）側には遊園地が広がっている。また、西側には羽田を代表する鉱泉旅館「要館」や「羽田館」などが存在した。

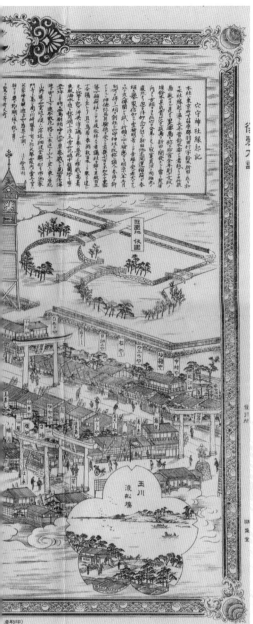

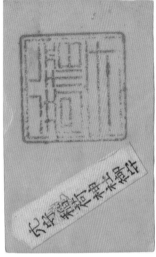

羽田穴守稲荷神社全図【明治後期】
明治34（1901）年に発行された穴守稲荷神社の境内図。参道の
料理店、旅館などが詳しく描かれている。
**Anamori Inari Shrine grounds map (upper left)**
**【Late Meiji Era】**
A map of the grounds of Anamori Inari Shrine published
in 1901 (Meiji 34). The restaurants and inns on the
approach to the shrine are depicted in detail.

穴守稲荷神社の年賀状
【1940（昭和15）年】
皇紀二千六百年（1940年）の年中
行事を記した神社の年賀状。
**New Year's card of Anamori**
**Inari Shrine, 1940 (Showa 15)**
A New Year's card of a shrine
that describes the annual
event of the 2600th year of the
imperial era (1940).

穴守稲荷神社の御守り、朱印
【明治後期】
神社の御守りが貼り付けられてい
る。
**Anamori Inari Shrine Omamori**
**(good luck charm), Shuin**
**(seal)【Late Meiji Era】**
Omamori of the shrine is
pasted.

穴守橋【現在】
環状八号線が通る穴守橋。稲
荷橋の北に架かっている。
**Aanamoribashi Bridge**
**【present day】**
Aanamoribashi Bridge on
Kanjo Route No. 8. The
bridge extends from the
north of Inaribashi Bridge.

## ◇穴守稲荷神社◇

　かつての羽田空港ターミナル前の屋外平置き駐
車場内に、大きな紅い鳥居があったのがとても印
象的でした。ツアー用の大きなバッグとギターを
持って、その大きな鳥居をくぐったこともよく覚
えています。ただ、近くに神社もないのに、飛行
場の中に鳥居があったことを、全く不思議だとも
思わなかったのは、若い頃の自分の無関心さ、見
識の狭さからだったのでしょうか。さあコンサー

トツアーに行くぞ、と言う浮足立った気持ちで、何
も世の中が見えていなかったのかもしれません。
　今や混雑時には2分おきにジェット機が飛んで
いるこの場所が、自分が生まれる遥か前、参詣用
の鉄道が敷かれ、門前に茶店が並び盛況をきわめ
た神社だったとは。今では、その大鳥居（動かすと
呪いがあるとも言われていました）も空港の隅に
無事に移動されて、静かに空を見上げています。

羽田の海岸、海老取川【明治後期】羽田の海岸、舟が行き交う海老取川の風景か。
**Ebitorigawa River, the coast of Haneda?【Late Meiji Era】**
It seems the scenery of the Ebitorigawa River where boats come and go on the coast of Haneda.

# 01-9 羽田の海岸・渡し舟

　多摩川の河口部分の北岸、現在の羽田空港付近の出洲は古くは「要島」と呼ばれ、羽田の浦は「扇ケ浦」と称されてきた。これは「扇」と「要」の関係を示し、戦前、穴守稲荷付近にあった旅館、料亭には、「要館」や「要家」という「要」を付けたところがあった。

　穴守稲荷神社の北西にあった「要館」は鉱泉が有名で、4万坪の捕鴨場を備えた大きな旅館であり、夏には釣り堀を訪れる宿泊者も多かった。羽田は鴨の猟場として有名で、黒田家鴨場、渡辺家鴨場なども存在したが、飛行場の拡張により、多摩川対岸の川崎方面に移っていった。穴守神社周辺には、「羽田館」や「東館」といった鉱泉を売り物にした旅館があり、そのほかにも海水温浴ができる旅館、料理店も存在した。

羽田の渡し【明治後期】多摩川の下流、羽田と川崎の間を結んでいた羽田の渡し。別名、六左衛門の渡し。
**Haneda Crossing【Late Meiji Era】**Haneda Crossing, which connected Haneda and Kawasaki, downstream of the Tamagawa River. Also known as Rokuzaemon-no-watashi.

羽田、扇ケ浦【明治後期】
扇の形に似た、羽田の海岸は「扇ケ浦」と呼ばれていた。
**Haneda, Ogigaura【Late Meiji Era】**
The coast of Haneda, which resembled the shape of a fan, was called "Ogigaura".

# 01-10 羽田の海岸・旅館

（左）東貫川？東海橋【明治後期】「東海橋」の説明がある絵葉書で、東貫川の風景か。
**Tokangawa River? Tokaibashi Bridge【Late Meiji Era】** A postcard with an explanation of "Tokaibashi Bridge", possibly a scene from the Higashinukigawa River?

（右）旅館「要館」の正面【明治後期】広大な敷地を有していた旅館「要館」の正面。
**Front of the inn "Kanamekan"【Late Meiji Era】** The front of the inn "Kanamekan" which sat on vast grounds.

（左）東海園の東海橋【明治後期】「上左」と同じ「東海橋」か。奥に「東海園開園式」の看板が見える。
**Tokaibashi Bridge of Tokaien【Late Meiji Era】** Possibly the same "Tokaibashi Bridge" as You can see the signboard of "Tokaien opening ceremony" in the back.

（右）旅館「志乃田」の全景【明治後期】旅館「志乃田」の本館、別館か。
**A panoramic view of the inn "Shinoda"【Late Meiji Era】** It seems the main building or annex of the inn "Shinoda"?

旅館「要館」の鴨狩猟場【明治後期】旅館「要館」が所有していた鴨狩猟場における鴨猟の風景。
**Duck hunting ground at the inn "Kanamekan"【Late Meiji Era】** Scenery of duck hunting at the duck hunting ground owned by the inn "Kanamekan".

羽田落雁、羽田弁天社（浮世絵）【昭和戦前期】歌川広重が「江戸近郊八景 羽根田落雁」に描いた羽田弁天社。
**Haneda Rakugan, Haneda Benzaiten Shrine (Ukiyo-e)【Prewar Showa Era】** Haneda Benzaiten Shrine, drawn by Hiroshige Utagawa in "Haneda Rakugan, eight views near Edo".

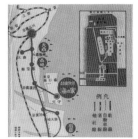

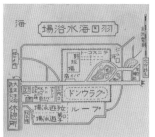

（上左）羽田の絵図、海の家【昭和戦前期】
羽田穴守海の家と穴守稲荷神社、羽田飛行場の位置関係がわかる。
**Haneda's picture, Umi no Ie（Sea house）【Prewar Showa Era】**
You can see the positional relationship between Haneda Anamori Umi no Ie, Anamori Inari Shrine, and Haneda Airfield.

（上右）羽田海水浴場の地図【昭和戦前期】
プールのほか、グラウンド、テニスコート、野球場などがあった。
**Map of Haneda Beach【Prewar Showa Era】**
In addition to the pool, there were grounds, tennis courts, and a baseball field.

羽田の潮干狩り【大正期】羽田の潮干狩り、着物姿の女性たち。
**Haneda clamming【Taisho Era】**
Women in kimono, clamming in Haneda.

穴守稲荷神社周辺が行楽地として整備される中、1909（明治42）年には神社北側の干拓地に、京浜電気鉄道（京急）が羽田運動場を建設する。この運動場は野球場とテニスコートを備えており、1911（明治44）年には陸上競技場、海水浴場が誕生し、その後にプール、遊園設備も加わったことで、総合的なレジャー施設となってゆく。しかし、1917（大正6）年の高潮により大きな被害を受けて衰退し、1938（昭和13）年の羽田飛行場の拡張で姿を消した。

一方、京急が1932（昭和7）年に羽田穴守海の家、浄化海水プールを作ったことで、夏場のリゾートとして要素が強くなる。7・8月に開かれた海の家は遊泳場、脱衣場、温浴場、陸上遊技場を備え、東洋一と称された浄化海水プールは長さ70メートル、幅30メートル、深さ0・75〜2・0メートルの規模を誇ったほか、アサリ、ハマグリを採る潮干狩も楽しめた。

# 01-11　羽田運動場

羽田運動場【明治後期】1909（明治42）年に京浜電気鉄道が開いた羽田運動場。
**Haneda Athletic Field【Late Meiji Era】** Haneda Athletic Field opened by Keihin Electric Railway in 1909（Meiji 42）.

羽田穴守海の家の全景・大桟橋【昭和戦前期】
A panoramic view of Haneda Anamori Umi no Ie, Osanbashi Pier【Prewar Showa Era】

羽田穴守海のプール・温浴場【昭和戦前期】
東洋一と称された浄化海水プールで泳ぐ多数の人々が見える。
Haneda Anamori sea pool and hot bath【Prewar Showa Era】
You can see many people swimming in the purified seawater pool called the best in the Orient.

羽田穴守海の家・パンフレット【昭和戦前期】
Haneda Anamori Umi no Ie (Sea house) / Pamphlet【Prewar Showa Era】

# 01-12 海の家、海水浴

羽田海水浴場、余興場【大正期】
海水浴場の余興場に集まった大勢の人々。
Haneda Beach, sideshow【Taisho Era】
A large number of people gathered at the sideshow of the beach.

羽田海水浴場の賑わい【大正期】
海中にいる男性らが舟を一気に持ち上げている。
Busy Haneda beach【Taisho Era】
Men in the sea are lifting the boat at once.

羽田海水浴場、桟橋【大正期】
海水浴場に設けられた桟橋の上を歩くユニフォーム姿の少年。
Haneda beach, pier【Taisho Era】
A boy in a uniform walking on a pier at the beach.

羽田海岸、海水浴場【大正期】
海岸を歩いて海水浴場に向かう人々。
Haneda coast, beach【Taisho Era】
People walking along the coast to the beach.

六郷川橋梁、蒸気機関車【明治後期】東海道本線の六郷川橋梁（二代目）を渡る蒸気機関車が牽引する旅客列車。
**Rokugogawa River Bridge, steam locomotive【Late Meiji Era】** A passenger train towed by a steam locomotive that crosses the Rokugogawa River Bridge (second generation) on the Tokaido Main Line.

# 01-13 六郷川橋梁

　大田区の南部、川崎市と接するあたりは、かつての六郷町である。1889（明治22）年、荏原郡の雑色村、八幡塚村、町屋村、高畑村、古川村が合併して六郷村が成立。1928（昭和3）年に六郷町となり、1932（昭和7）年に東京市に編入されて、蒲田区の一部となった。現在は仲六郷、西六郷、東六郷、南六郷に分かれている。

　「六郷」の地名は、先述の5村に道塚村を加えた多摩川下流の6つの村に由来している。このため、多摩川の下流部分が六郷川と呼ばれ、旧東海道には六郷の渡しがあった。六郷橋は江戸初期に架けられたが、1688（貞享5）年の洪水以後は再建されず、1883（明治16）年に地元の人々の手で、有料の橋が架けられた。この六郷地区には昭和戦前期、多くの工場が建てられて、工員のための寄宿舎なども誕生した。

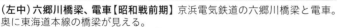

（左中）六郷川橋梁、電車【昭和戦前期】京浜電気鉄道の六郷川橋梁と電車。奥に東海道本線の橋梁が見える。
**Rokugogawa River Bridge, train【Prewar Showa Era】**
Keihin Electric Railway's Rokugogawa River Bridge and train. You can see the bridge on the Tokaido Main Line in the back.
（右中）六郷川橋梁1【現在】六郷橋梁を渡る東海道本線、京急本線の列車。
**Rokugobashi Bridge 1 and 2【present day】**
Keikyu Main Line and Tokaido Main Line trains crossing Rokugobashi Bridge.
（右下）六郷川橋梁2【現在】

六郷の市街【昭和戦前期】
東京府の南端にあたる六郷（川）付近の市街地。
**Rokugo City【Prewar Showa Era】**
An urban area near Rokugogawa (river), which is the southern lip of Tokyo Prefecture.

# 01-14 六郷川付近

六郷橋付近【現在】
六郷橋のたもと付近、古くからある商店街。
**Near Rokugobashi Bridge【present day】**
A historic shopping arcade near the foot of Rokugobashi Bridge.

六郷橋と川舟【明治後期】1883（明治16）年に架橋された六郷橋（初代）、木製の橋だった。
**Rokugobashi Bridge and boats on the river【Late Meiji Era】** The Rokugobashi Bridge (first generation), a wooden bridge that was built in 1883 (Meiji 16).

六郷川の舟【明治後期】六郷川（多摩川）では、六郷橋の架橋後も渡し舟が利用されていた。
**Boats on the Rokugogawa River【Late Meiji Era】**
A ferry used for the Rokugogawa River (Tamagawa River) even after the Rokugobashi Bridge was bridged.

六郷川の土手【明治後期】
干された漁網、小舟が見える、六郷川沿岸の長閑な風景。
**Bank of Rokugogawa River【Late Meiji Era】**
A quiet landscape along the Rokugogawa River where you can see dried fishing nets and small boats.

六郷川の帆掛け舟【明治後期】
六郷川は多摩川の別称で、下流部分でこう呼ばれた。
**Rokugogawa River sailing boat【Late Meiji Era】**
Rokugogawa River is another name for the downstream part of the Tamagawa River.

# 羽田（大正11年）

帝国陸軍参謀本部陸地測量部発行「1/10000地形図」

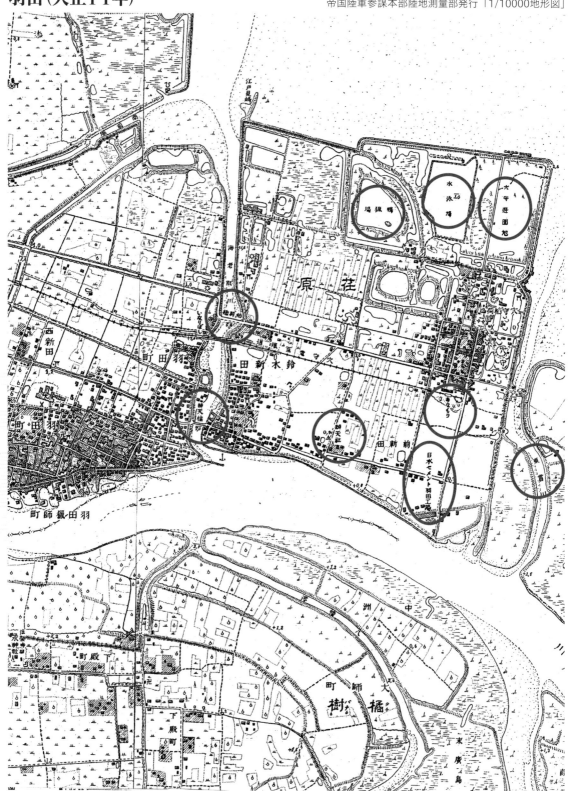

地図の中央を流れる六郷川（多摩川）から海老取川が分かれて北に流れ、弁天橋、稲荷橋が架けられている。東側には東貫川があり、東海橋らしき橋も見える。蒲田方面から稲荷橋駅を経由してやってきた穴守線（穴守電気鉄道）は、穴守稲荷神社門前の穴守駅に至っている。駅の北側には門前町が形成されており、境内の北には穴守遊園地、水泳場、鴨猟場がある。地図南には羽田弁天社があり、六郷川の河口付近に日本セメント羽田工場が誕生している。

# 羽田(昭和3年)

帝国陸軍参謀本部陸地測量部発行「1/10000地形図」

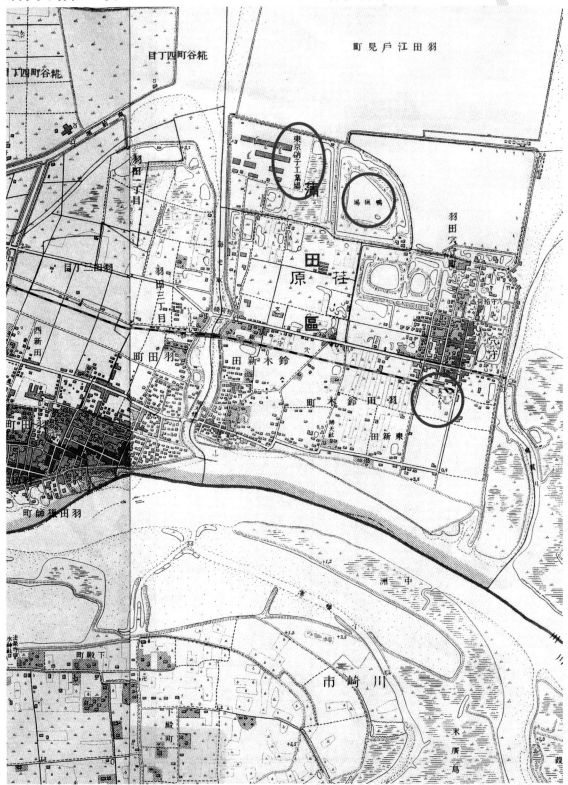

穴守稲荷神社の北側では穴守遊園地や水泳場は姿を消して鴨猟場だけが残り、北西側に東京硝子工業場がやってきた。この後、羽田江戸見町方面には羽田海水浴場、羽田飛行場が開かれることになる。「鈴木新田」だった場所は「羽田鈴木町」になり、「羽田穴守町」「羽田猟師町」「糀谷町四丁目」といった地名も誕生している。穴守線の終着駅である穴守駅には、方向転換のためのループ線が設けられている。日本セメント羽田工場は移転している。

羽田飛行場の全景【昭和戦前期】羽田飛行場の駐機場と格納庫、円形待合室が見える。
**Overall view of Haneda Airport【Prewar Showa Era】**
You can see the parking lot, hangar, and circular waiting room at Haneda Airport.

# 02 空港とモノレール
**CHAPTER 2** Airport and monorail

## 02-1 羽田飛行場

　大正時代、羽田の海岸には、玉井兄弟が開いた日本飛行学校があったが、玉井清太郎が飛行機事故で死亡、台風の被害を受けるなどして、短期間のうちに終わった。日本飛行学校はその後、蒲田の地で復活することになる。羽田では1931（昭和6）年、羽田飛行場が開港して、東京の空の玄関口である東京国際空港（羽田空港）の歴史がスタートした。

　1933（昭和8）年には、それまで立川飛行場が担っていた民間航空の東側の拠点となり、大阪や福岡、台北や京城との間を結ぶ定期航空路が開かれた。滑走路や待合室といった空港の機能も次第に整備されて、日本航空輸送、朝日新聞社などの格納庫も建設される。また、空から東京観光を行う遊覧飛行も実施されるようになった。

羽田飛行場、飛行機【昭和戦前期】
駐機場に待機しているフォッカー・スーパー・ユニバーサル旅客機。
**Haneda Airport, airplane【Prewar Showa Era】** Fokker Super Universal passenger plane waiting at the parking lot.

羽田飛行場、滑走路【昭和戦前期】
空港の格納庫、待合室と日本航空輸送の旅客機。
**Haneda Airport, runway【Prewar Showa Era】** Airport hangars, waiting rooms and Japan Air Transport passenger planes.

羽田飛行場、格納庫【昭和戦前期】
日本航空輸送の格納庫と中島ジュピター P-1型郵便機。
**Haneda Airport, hangar【Prewar Showa Era】** Japan Air Transport hangar and Nakajima Jupiter P-1 type postal plane.

**空から見た羽田飛行場【昭和戦前期】**飛行場の空撮で、右下の施設では、円形待合室はまだ完成していない。
**Aerial view of Haneda Airport【Prewar Showa Era】**
An aerial view of the airfield shows that the circular waiting room has not yet been completed at the facility on the lower right.

**空から見た羽田飛行場【昭和戦前期】**
飛行場の空撮だが、飛行中の航空機が埋め込まれている。
**Aerial view of Haneda Airport【Prewar Showa Era】**
An aerial view of the airfield, with an embedded aircraft in flight.

**羽田飛行場、穴守稲荷神社の空撮【昭和戦前期】**
羽田飛行場の格納庫と、穴守稲荷神社の空撮写真。
**Aerial view of Haneda Airport and Anamori Inari Shrine【Prewar Showa Era】**An aerial photograph of the hangar at Haneda Airport and Anamori Inari Shrine.

**空から見た羽田飛行場【昭和戦前期】**
飛行場の空撮、ここでは飛行中の機影はない。
**Aerial view of Haneda Airport【Prewar Showa Era】**
Aerial view of the airfield, here no shadow of the flying aircraft is visible.

**羽田飛行場の格納庫【昭和戦前期】**
格納庫の飛行機と自動車。多くの人々が見守っている。
**Haneda Airfield Hangar【Prewar Showa Era】**
Aircrafts and cars in the hangar. Many people are watching.

**空から見た格納庫【昭和戦前期】**
朝日新聞社格納庫の空撮。３機の飛行機が見える。
**Hangar seen from the sky【Prewar Showa Era】**
Aerial photograph of the hangar by Asahi Shimbun. You can see three aircrafts.

## ◇羽田空港1◇

1980年代まで羽田空港のロビーは、今みたいに近代的ではありませんでした。早めに着いたとしても、ロビーや搭乗口周りにはゆっくり出来るところも今ほど多くはありません。もちろんレストランや喫茶店もないことはないのですが、何故だかあまり落ち着ける雰囲気でもありませんでした。ターミナルの正面を出たところに屋外の平置き駐車場があり、旅に出る時はいつもそこに車を止めていました。その駐車場の横だったかに、従業員用のような小さな食堂があったのを覚えています。そこには低音の響く良い声のマスターがいて、メニューと言えば社員食堂にあるような簡単なメニューばかり。搭乗客もほとんどおらず、ほぼ関係者ばかりだったと記憶しているのですが、チェックインの時間まで少しだけくつろぐ僕らには、居心地のいい空間だった気がします。

帝都の上空を飛びませう

エア・タキシー（遊覧飛行機）【昭和戦前期】東京近郊の遊覧飛行のために待機している、東京航空のエア・タキシー。
**Air Taxi（Pleasure Airplane）【Prewar Showa Era】** Air Taxi of Tokyo Airlines waiting for a sightseeing flight near Tokyo.

東京航空輸送社の水上飛行機【昭和戦前期】東京〜下田・清水間の定期便を運航していた、東京航空輸送社の水上飛行機。
**Hydroplane of Tokyo Air Transport Company【Prewar Showa Era】**
A hydroplane of Tokyo Air Transport Company which operated regular flights between Tokyo and Shimoda / Shimizu.

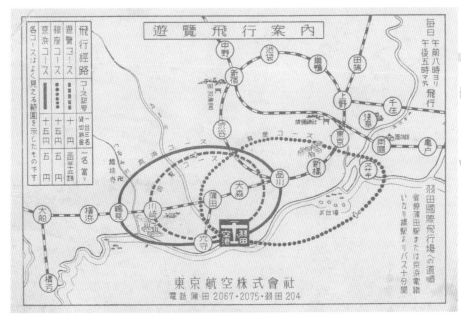

東京遊覧飛行地図
【昭和戦前期】
羽田を基地とした、
東京航空の遊覧飛行案内
（地図・料金表）。
**Tokyo sightseeing
flight map
【Prewar Showa Era】**
Sightseeing flight guide
(map / price list) of
Tokyo Airlines based in
Haneda.

エアガール、空の案内人【昭和戦前期】東京航空輸送社が1931
（昭和6）年に採用したエアガール、飛行機。
**Air girl, sky guide【Prewar Showa Era】**
Air girl and airplane adopted by Tokyo Air Transport
Company in 1931 (Showa 6).

鈴ヶ森水上飛行場【昭和戦前期】水上飛行機の時代には、鈴ヶ森
水上飛行場から下田方面に向けて飛行していた。
**Suzugamori Hydroplane Airfield【Prewar Showa Era】**
In the era of hydroplanes, flights flew from Suzugamori
Hydroplane Airfield toward Shimoda.

# 02-2 定期便と遊覧飛行

　戦前の羽田飛行場の前史としては、日本飛行学校とともに、鈴ヶ森に開設された水上飛行場（中島大井飛行場）の存在がある。玉井兄弟のひとり、玉井藤一郎と日本飛行学校を設立した相羽有は、東京航空（輸送社）を設立し、1929（昭和4）年に東京・鈴ヶ森〜下田、清水間の定期航空路を開いた。このとき水上機を使用していたため、鈴ヶ森の海岸から発着していたが、やがて、南側に誕生した羽田飛行場を使用するようになる。この東京航空（輸送社）は、日本初のエアガール（スチュワーデス、CA）を採用したことでも知られている。

　羽田飛行場からは、東京近郊を空から観光する遊覧飛行も行われていた。東京航空株式会社によるこの遊覧飛行は、乗客は3人で3つのコースがあり、貸切飛行も可能だった。このうち、銀座コースでは新橋・洲崎付近まで、京浜コースでは川崎・鶴見付近まで遊覧飛行を行っていた。

**エア・タキシー遊覧飛行の航空券【昭和戦前期】**
10分間の飛行で、1機に3人が乗ることができた。
**Air Taxi ticket for a sightseeing flight
【Prewar Showa Era】**
A 10-minute flight that could fit three people
in one aircraft.

東京国際空港、飛行機【昭和戦後期】
東京国際空港の空港ビル、駐車場と路線バス、飛び立つ飛行機。
**Tokyo International Airport, airplane
【Postwar Showa Era】**
Airport building at Tokyo International Airport, car parking lot and fixed-route bus, flying airplane.

# 02-3
# 東京国際空港

　戦前から国際空港だった羽田飛行場は、太平洋戦争が終わるとアメリカ空軍の基地となった。その際、従来の用地では手狭であり、穴守稲荷神社などがあった羽田・穴守の街が接収されて、神社や住民は移転を余儀なくされた。このとき、大鳥居だけはそのまま残された（後に移転）エピソードは有名である。ようやく、1952（昭和27）年に一部が日本側に返還されて。東京国際空港と改名している。

　日本航空の国内線は、それ以前の1951（昭和26）年から運航が始まり、1953（昭和28）年には国際線、サンフランシスコに至る航路の運航が開始された。1955（昭和30）年には新しい旅客ターミナルが開館し、滑走路も延長された。その後、1958（昭和33）には全面返還されて、1964（昭和39）年に東京オリンピック開催に向け、羽田空港の拡張・整備が行われた。

東京国際空港、空港ビル【昭和戦後期】横に長く伸びた空港ビル。左側は国内線用だった。
**Tokyo International Airport, airport building【Postwar Showa Era】**
An airport building that stretches horizontally. The left side was for domestic flights.

東京国際空港、全景【昭和戦後期】空港の全景。空港ビル、駐車場、サテライト、駐機場が見える。
**Tokyo International Airport, panoramic view【Postwar Showa Era】**
A panoramic view of the airport. You can see the airport building, car parking lot, satellite, and airplane parking lot.

（上中）東京国際空港の空撮【昭和戦後期】
東京湾に向かって開かれている空港の敷地。この後、拡張が続けられてゆく。
**Aerial view of Tokyo International Airport【Postwar Showa Era】** The site of the airport that is open to Tokyo Bay. After this, expansion will continue.

（上右）東京国際空港の空撮【昭和戦後期】
東京国際空港では、新しい空港施設の建設が進められていた。
**Aerial view of Tokyo International Airport【Postwar Showa Era】** At Tokyo International Airport, construction of a new airport facility was underway.

東京国際空港の空撮
【昭和戦後期】
空から見た東京国際空港。
緑の芝生が美しい。
**Aerial view of Tokyo International Airport 【Postwar Showa Era】** Aerial view of Tokyo International Airport. The green grass is beautiful.

東京国際空港の空撮
【昭和戦後期】
サテライト施設の整備が進み、飛行機が整然と並んでいる。
**Aerial view of Tokyo International Airport 【Postwar Showa Era】** The satellite facilities are being improved and the airplanes are lined up in an orderly fashion.

## ◇羽田空港2◇

　僕らが飛行機を利用し始めた1970年代以降、国際線は成田空港、国内線は羽田空港とほぼ棲み分けが出来てきました。海外に行くには成田発が当たり前だったのですが、実は羽田の隅っこの方に申し訳なさそうに（失礼！）国際線ターミナルも存在していたのです。言われなくともそんなこたぁ知ってるよ、と言う人も多いとは思いますが、意外と印象にない人も多いようなので。

　まだ成田空港が出来る前、1967年6月29日未明にあの「THE BEATLES」がJALの法被を着てタラップを降りてきた姿は、小学6年生のマセガキだった僕に強烈なインパクトを与えました。テレビの中、それもモノクロ映像ではあったものの、動く4人は僕にとってはとても眩しく神々しかった。彼らがドイツ公演を終えて日本に降り立った羽田は、まぎれもなく当時の日本を代表する国際空港だったのです。

発着場の飛行機【昭和戦後期】タラップが取り付けられているパンアメリカン航空の飛行機。
**Airplanes at the departure and arrival points【Postwar Showa Era】** A Pan Am airplane with a ramp attached.

**(左)** 整備中の日航機【昭和戦後期】国際線発着場で整備を受けている日本航空機。
**Japan Airlines aircraft under maintenance【Postwar Showa Era】** Japan Airlines aircraft undergoing maintenance at the international flight depot.

**(中)** 空港ビル全景【昭和戦後期】国際都市・東京の新しい玄関口となった空港ビル。
**Overall view of the airport building【Postwar Showa Era】** The airport building became the new gateway to the international city of Tokyo.

**(右)** 空港カウンター【昭和戦後期】華やかな雰囲気が漂う空港の国際線カウンター。
**Airport counter【Postwar Showa Era】** International airport counter with a gorgeous atmosphere.

## ◇羽田空港３◇

　1990年代にフジテレビで放送されていた「LOVE LOVEあいしてる」と言う番組のロケで、一度だけハワイに行ったことがありました（実は仕事があった関係で僕だけ後から行ったのです。しかもハワイでの滞在時間は約半日ほど）。その時のハワイ便がこの羽田発でした。成田まで行くのは面倒だったので内心、ラッキー！と思った。仲間内でも羽田の方が便利だよな、なんてわざわざ羽田便を選んで行く連中もいたくらいです。楽しみな海外旅行とは言え、大きなキャリーバッグと荷物を持って朝早くに成田まで行くのは、かなりの覚悟と気合いが必要だったし、遅刻を怖れて前日は眠れないって人も結構多かったはずです。成田の新東京国際空港という巨大な空港の陰に隠れてはいたものの、庶民的でレトロな当時の羽田国際空港が、僕は好きでした。

（左上）日航機とスチュワーデス【昭和戦後期】
日本航空機の尾翼とスチュワーデス（CA）

**Japan Airlines and stewardess【Postwar Showa Era】**
Japan Airlines aircraft tail and stewardess (CA)

（右上）空港見学記念観覧券【昭和戦後期】
東京国際空港の見学記念観覧券、初期のものか。

**Airport Tour Commemorative Admission Ticket【Postwar Showa Era】**
Tokyo International Airport tour commemorative admission ticket, perhaps early edition

（右中）東京国際空港観覧券【昭和戦後期】
東京国際空港の見学記念観覧券、開館5周年記念のもの。

**Tokyo International Airport Admission Ticket【Postwar Showa Era】**
Tokyo International Airport tour commemorative admission ticket, 5th anniversary commemorative.

（左下）観覧券、航空50周年【昭和戦後期】
航空50年を記念した東京国際空港の見学記念観覧券。

**Admission ticket, 50th anniversary of aviation【Postwar Showa Era】**
A ticket to commemorate the 50th anniversary of aviation at Tokyo International Airport.

（右下）東京国際空港観覧券【昭和戦後期】
空港ビルと飛行機をデザインした、東京国際空港の見学記念観覧券。

**Tokyo International Airport Admission Ticket【Postwar Showa Era】**
A commemorative admission ticket for a tour of Tokyo International Airport, featuring a design with an airport building and an airplane.

東京モノレールの車両【昭和戦後期】昭和島車両基地で待機する東京モノレールの車両。
Tokyo Monorail vehicle【Postwar Showa Era】A vehicle of Tokyo Monorail waiting at Showajima vehicle base.

# 02-4 東京モノレール

　都心の浜松町と羽田国際空港を結ぶ東京モノレールは、東京オリンピック開催の直前、1964（昭和39）年9月に開業している。羽田への交通機関としては、戦前から京浜電気鉄道（現・京急）の穴守（現・空港）線があったが、東京モノレールの開通により、アクセスの便利さは大きくアップした。

　当初、この東京モノレールには浜松町〜羽田間に途中駅はなく、約15分かけて運転されていた。その後、1965（昭和40）年に現・大井競馬場前駅が臨時駅として開業。羽田整備場（現・整備場）駅、新平和島（現・流通センター）駅なども新設されている。また、空港の整備・拡張に伴い、路線の延伸や変更も行われている。現在の終着駅である羽田空港第2ターミナル駅は、2004（平成16）年に開業している。

水上を走る東京モノレール【昭和戦後期】
京浜間の運河上を走る東京モノレール。
Tokyo Monorail running on the water【Postwar Showa Era】
The Tokyo Monorail that runs on the canal between Keihin.

**東京国際空港とモノレール【昭和戦後期】**
東京国際空港付近の東京モノレールの線路、車両
**Tokyo International Airport and monorail【Postwar Showa Era】**
Tokyo Monorail tracks and train cars near Tokyo International Airport

**東京モノレール羽田線誕生（パンフレット）【昭和戦後期】**
東京モノレールが発行した開業記念のパンフレット。
**Tokyo Monorail Haneda Line Birth (Pamphlet)【Postwar Showa Era】**
A pamphlet commemorating the opening of the business issued by Tokyo Monorail.

## ◆東京モノレール１◆

コンサートツアーに出る朝早くに羽田に向かうときのこと。まだまだ駆け出しのバンドだった、70年代から80年代初頭に駆けての僕は、当然タクシーなどは使えません。自宅のあった下北沢から渋谷に出て、山手線で浜松町へ。そこからモノレールに乗るのですが、いつも空港関係者の出勤時間と重なってしまう。旅用の大きなバッグと衣装とギター２台を抱えているので、まず乗り込む時には乗客の皆さんに嫌な顔をされます。ギターケースから細い弦の先が飛び出していて、他人様に刺さったりした日にゃ、騒動にも成りかねません。ようやく羽田のカウンターに着いた頃には、まだ旅の前だと言うのにすでにクタクタ。それでも機内で仮眠の数分でも出来れば、旅先では３時間のライブ後も、朝まで騒いで飲み明かす体力があったのです。まだまだ20代、30代の頃、月に20本ものライブを我ながらよくもまあやっていたものです。

**海岸を走る東京モノレール【昭和戦後期】**
首都高速道路１号羽田線と並走する東京モノレール。
**Tokyo Monorail running along the coast【Postwar Showa Era】**
The Tokyo Monorail runs parallel to the Haneda Line on the Metropolitan Expressway No. 1.

東京モノレール、6両編成の列車【昭和戦後期】東京港の船舶をバックに走る東京モノレール、6両編成の列車。
**Tokyo Monorail, 6-car train【Postwar Showa Era】**
A 6-car train of the Tokyo Monorail that runs with a ship in the port of Tokyo in the background.

東京モノレールの車内【昭和戦後期】
満員の乗客で賑わいを見せる東京モノレールの車内。
**Inside the Tokyo Monorail【Postwar Showa Era】**
Inside the Tokyo Monorail, which is crowded with passengers.

## ◇東京モノレール2◇

　バンドがやや売れ出し始め、やっと浜松町までタクシーを使えるようになりました。それでも羽田まで行くにはまだまだ贅沢だと、自分を戒める。人間、そう簡単にデキ上がってしまっては、すぐに足元をすくわれてオシマイだ。なんて、ただ単にタクシー代が惜しかっただけなのですが。

　浜松町ではいつも何人かのファンが待っていてくれました。その子たちも一緒にモノレールに乗り込む。世間話をしながら、ファンの方々との15分程の交流会です。大荷物や頂いたばかりのプレゼントを両手に持ったまま、搭乗手続きカウンターに行き、ギターやバッグを預ける。今思い返すと、時間の流れもゆったりとした、ある意味自分も含め牧歌的な時代だったのかもしれませんね。

東京モノレールと東京タワー【昭和戦後期】東京の新しい名物となっていた東京モノレールと東京タワー。
**Tokyo Monorail and Tokyo Tower【Postwar Showa Era】**
Tokyo Monorail and Tokyo Tower, which were new specialties of Tokyo.

モノレールと空港の
共通利用券【昭和戦後期】
モノレール乗車券と空港の
観覧入場券のセット券が発
売されていた。
**Monorail and airport
common use ticket
【Postwar Showa Era】**
A set ticket of a monorail
ticket and an airport
admission ticket was on
sale.

（左）東京モノレール開通記念乗車券【1964年】東京オリンピック直前に開通した東京モノレールの開通記念乗車券。
**Tokyo Monorail opening commemorative ticket,【1964】**
A ticket to commemorate the opening of the Tokyo Monorail, which opened just before the Tokyo Olympics.

（右）浜松町駅、国電・モノレール連絡橋（乗車券）【1966年】昭和41（1966）年、浜松町駅に乗り換えに便利な連絡橋が完成した。
**Hamamatsucho Station, National Railway / Monorail Connecting Bridge (ticket),【1966】**
In 1966, a convenient connecting bridge was completed to transfer in Hamamatsucho Station.

# 羽田（昭和30年）

建設省地理調査所発行「1/10000地形図」

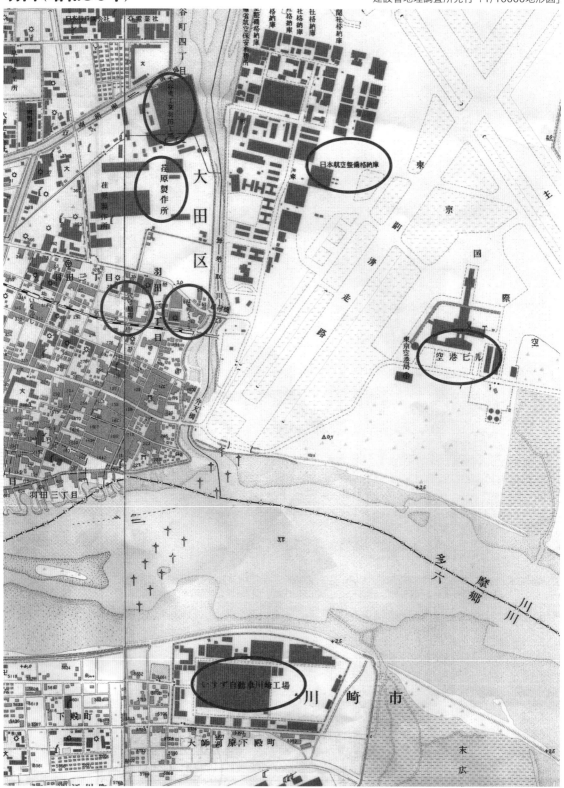

穴守稲荷神社とその門前町が栄えていた羽田鈴木町は、アメリカ軍に接収された後、羽田飛行場が拡張されて、滑走路、空港ビル、日本航空整備格納庫が誕生している。社地を失った穴守稲荷神社は海老取川の対岸、旧稲荷橋駅（このときは羽田空港駅）の西側に移転している。このあたり北側には、荏原製作所の本社、工場が広がっており、北には大谷重工業羽田工場も誕生している。六郷川の対岸、川崎市側にはいすゞ自動車川崎工場ができている。

# 羽田（昭和59年）

建設省国土地理院発行「1/10000地形図」

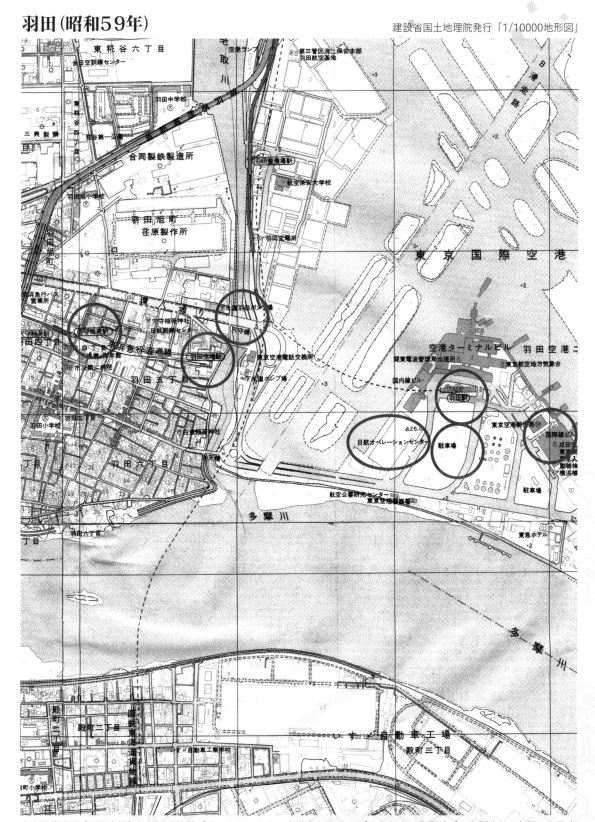

東京国際空港（羽田空港）では拡張整備が進められており、空港ターミナルビルとともに国際線ビルも誕生し、南側では駐車場、日航オペレーションセンターができている。周辺の道路も整備され、蒲田方面からは環八通りが穴守橋を渡って羽田空港にやってきている。京急の空港線は穴守稲荷駅が神社の西に移転し、羽田空港駅が終着駅となっていた。羽田空港への交通機関として東京モノレール開通し、空港ターミナルビル南側に羽田駅を開業している。

大森駅付近を走る列車【明治後期】大森駅付近を走る東海道本線の旅客列車。奥に大森駅の跨線橋が見える。
**Train running near Omori Station【Late Meiji Era】** A passenger train on the Tokaido Main Line that runs near Omori Station. You can see the overpass of Omori Station in the back.

# 0３ CHAPTER 鉄道が結ぶ駅と街
## Station and town connected by railroad

## 03-1 大森駅

　東海道本線の大森駅は、1876（明治9）年に開業した大田区で最も古い駅である。「鉄道唱歌」の中では、「梅に名を得し大森の・・」と歌われており、当時は蒲田駅がなく、梅屋敷や八景園が大森の梅の名所だった。大森駅は当初から海側の東口に駅舎があり、1913（大正2）年に山王口改札（西口）が開設されている。北口の開設は戦後の1959（昭和34）年。

　現在は京浜東北線（当初は京浜線）の列車のみが大森駅に停車するが、かつては本線を走る旅客列車が停車し、貨物の取り扱いも行っていた。

　1901（明治34）年には、京浜電気鉄道（京急）が川崎方面から北上し、八幡（現・大森海岸）駅から大森停車場前（後の大森）駅に至る路線を開通させている。その後、1904（明治37）年5月に品川方面に延伸したことで、八幡〜大森停車場間は大森支線となった。

（左）大森駅のホーム、跨線橋【明治後期】1876（明治9）年に開業した大森駅。木製の跨線橋がホーム間を結んでいた。
**Omori Station platform, overpass【Late Meiji Era】**
Omori Station opened in 1876（Meiji 9）. A wooden overpass connected the platforms.
（右）大森駅と八景園【明治後期】長閑な雰囲気が漂う大森駅付近、左手に見えるのは八景園か。
**Omori Station and Hakkeien【Late Meiji Era】**
The quiet atmosphere near Omori Station. You can see Hakkeien on your left.

大森駅東口【現在】巨大なターミナルビル
になった大森駅の東口。
**Omori Station East Exit【present day】**
The east exit of Omori Station has
become a huge terminal building.

大森駅西口【現在】池上通りに面して開か
れた大森駅の西口。
**Omori Station West Exit【present day】**
The west exit of Omori Station faces
Ikegami-dori.

大森駅の東口【昭和戦前期】
大森駅は開業以来、海側に開かれた東口がメインの玄関口だった。
**East exit of Omori station【Prewar Showa Era】** Since its opening, in Omori
Station the east exit, which opens up to the sea has been the main entrance.

# 03-2 大森駅の駅前

大森駅の西口【昭和戦前期（1927年頃）】池上通り（都道421号）
が整備される前の大森駅の西口駅前風景。
**West exit of Omori Station【Prewar Showa Era (around
1927)】** Scenery in front of the west exit of Omori Station
before Ikegami-dori (Metropolitan Road 421) was
constructed.

闇坂の上り口【昭和戦前期】この坂の上に八景園、望翠楼ホテ
ル、大森ホテルなどがあった。
**The entrance to Kurayamizaka【Prewar Showa Era】**
This slope was home to Hakkeien, Bosuirou Hotel, Omori
Hotel, etc.

大森駅の西口【昭和戦前期（1931年頃）】この後、震災復興計画
をもとに池上通りが拡幅、整備されることとなる。
**West exit of Omori Station【Prewar Showa Era (around
1931)】** Later, Ikegami-dori would be widened and
improved based on an earthquake disaster reconstruction
plan.

闇坂上り口【現在】大森ホテル跡地に至る闇坂上り口
**Kurayamizaka uphill slope【present day】** Kurayamizaka
uphill slope leading up to the site of the former Omori
Hotel

蒲田駅【昭和戦前期】現在とは比べ物にならないほど小さな駅舎だった国鉄（現・JR）の蒲田駅（西口）。
**Kamata Station【Prewar Showa Era】**
Kamata Station (West Exit) of the Japanese National Railways (currently JR), which had a station building that was incomparably smaller than it is today.

蒲田駅西口【現在】大きく変身した蒲田駅西口の駅ビル。
**Modern view of Kamata Station West Exit【present day】**
The station building at the west exit of Kamata Station has changed greatly.

# 03-3 蒲田駅

　現在は、東海道本線と東急（池上線・東急多摩川線）の連絡駅として、巨大なターミナル駅に発展しているJR蒲田駅。国鉄（現・JR）の駅の開業は、日露戦争が勃発した1904（明治37）年で、1922（大正11）年に池上電気鉄道（現・池上線）、1923（大正12）年に目黒蒲田電鉄目蒲線（現・東急多摩川線）の駅が誕生した。国鉄時代の蒲田駅と池上線、東急多摩川線の蒲田駅との位置関係は、年代とともに大きく変化している。また、京急蒲田駅は、この蒲田駅から少し離れた東側に置かれている。京急蒲田駅は1901（明治34）年、蒲田駅として開業しているが、このときには東海道本線に蒲田駅は存在していなかった。

　京急蒲田駅の西口側、蒲田八幡神社の北には戦前、日本初の自動車教習所、日本自動車学校があった。1920（大正8）年に設立された自動車学校はもともと、1917（大正6）年に相羽有、玉井清太郎の2人が羽田に開いた日本飛行学校の系列で、玉井は間もなく飛行機事故で死亡し、相羽も飛行機事業から撤退した。その後、相羽は日本自動車学校の経営で得た資金により、日本飛行学校を再興し、この後に飛行学校は立川、羽田へ移転している。蒲田駅前にあった日本自動車学校は、坂道コースなどもある本格的な自動車教習所で、乗合自動車の運行を始めた東京市電気局の委託生が学んだほか、陸軍の自動車隊も見学に訪れていたという。現在、学校の跡地は住宅地に変わっている。

**（左）蒲田駅付近の空撮【昭和戦前期】**蒲田駅付近の空撮で、西口駅前には日本自動車学校があった。
**Aerial view near Kamata station【Prewar Showa Era】**
In this aerial view near Kamata station, there was the Japan Motor School in front of the west exit.

**（中）蒲田駅付近の線路【大正期】**蒲田付近の東海道本線の線路。両側はほとんどが農地だった。
**Railroad tracks near Kamata Station【Taisho Era】**
The tracks of Tokaido main line near Kamata. Most of the land on both sides was farmland.

**（右）蒲田駅前、自動車学校【昭和戦前期】**相羽有が羽田の日本飛行学校に続いて、蒲田に開設した日本自動車学校。
**Kamata station square, motor school【Prewar Showa Era】**
The Japan Motor School was opened in Kamata by Tamotsu Aiba after opening the Japan Flight School in Haneda.

## 03-4
# 大井町駅

東海道本線の大井町駅は1901（明治34）年、大井聯絡所として開設され、京浜線の運行が始まった1914（大正3）年に駅に格上げされた。この年、国鉄（現・JR）の新橋工場が移転し、大井工場が誕生している。国鉄の大井工場は発展を遂げ、現在は駅の北側にJR東日本の車両基地・工場の東京総合車両センターが広がっている。また、1913（大正2）年7月には、目黒蒲田電鉄（現・東急）の大井町線が開通し、大井町駅は両線の連絡駅となっている。

**国鉄大井工場の空撮【昭和戦前期】**
大井町駅の北側に広大な用地を有していた国鉄（現・JR）の大井工場。
**Aerial view of JNR Oi Factory【Prewar Showa Era】**
The Oi factory of the Japanese National Railways (currently JR), which owned vast land on the north side of Oimachi station.

**大井町駅【昭和戦前期】**
1914（大正3）年に開業した大井町駅の駅舎。
**Oimachi Station【Prewar Showa Era】**
The station building of Oimachi Station, which opened in 1914 (Taisho 3).

**大井町駅【現在】**
大きな駅ビルになっているJR大井町駅。
**Oimachi Station【present day】**
JR Oimachi Station is a large station building.

**大井町駅前、集合写真【昭和戦前期】**
「大井町駅」の看板下に集まった男性。旅行前の集合写真か。
**Oimachi station square, group photo【Prewar Showa Era】**
Men gathered under the Oimachi Station signboard. Perhaps a group photo before departure.

目蒲電鐵大井町驛

**目黒蒲田電鉄の大井町駅　大井町駅【昭和戦前期】**
1927（昭和2）年に開業した目黒蒲田電鉄、大井町線の大井町駅。
**Oimachi Station on Oimachi Line, Meguro-Kamata Electric Railway【Prewar Showa Era】**
Oimachi Station on the Oimachi Line, Meguro-Kamata Electric Railway, which opened in 1927 (Showa 2)

**大森付近の電車【明治後期】** 大森付近の田園地帯を走る京浜電気鉄道の電車。
**Train near Omori【Late Meiji Era】** A Keihin Electric Railway train that runs through the countryside near Omori.

# 03-5　京浜電気鉄道

　現在の京急本線は南の川崎方面から都内にやってきた。1899(明治32)年、川崎(後の六郷橋)～大師(現・川崎大師)間を開業した大師電気鉄道は、京浜電気鉄道と社名を改め、1901(明治34)年に川崎～大森停車場前間が開通した。このとき、大森停車場前、八幡(現・大森海岸)、海岸(後に廃止)、梅屋敷、蒲田(現・京急蒲田)といった駅が開業している。1904(明治37)年には八幡～品川(現・北品川)間が開通し、京浜間が結ばれたことで、大森停車場前～八幡間は大森支線に変わった。この大森支線は1937(昭和12)年に廃止された。

**(右中)公園の女性、鉄道の路線看板【明治後期】**
「京浜電気鉄道　毎五分発車」の看板がある花園前に二人の女性がいる。
**Women in the park, railway line signs【Late Meiji Era】**
There are two women in front of Hanazono with a sign that says "Keihin Electric Railway departs every five minutes."

**(右下)京浜電気鉄道の路線看板(部分)【明治後期】**
京浜電気鉄道の路線看板には、沿線の地図が記されている。
**Keihin Electric Railway line signboard (part)【Late Meiji Era】**
A map of the railway line is drawn on the signboard of the Keihin Electric Railway.

橋梁を渡る京急の電車【大正期】日の丸を付けた京急の電車、橋梁名は不明。
**Keikyu train crossing a bridge【Taisho Era】** Keikyu train with the Hinomaru flag. The name of bridge is unknown.

# 03-6
# 京急の
# 電車が行く

**大森付近の電車【大正期】**
大森付近の海岸線付近を走る京急の電車。
両側には人家が見える。
**Train near Omori【Taisho Era】**
A Keikyu train running near the Omori coastline. Houses can be seen on both sides.

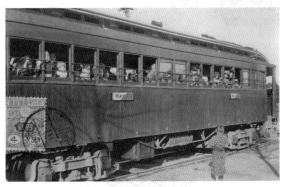

**品川〜大森間の電車、子供たち【大正期】**
子供たちを載せた電車、「ボギー電車でお帰り」という説明が付いた絵葉書。
**Train between Shinagawa and Omori, children【Taisho Era】**
A postcard with the title "Return on the Buggy Train", a train carrying children.

**六郷川橋梁を渡る電車【大正期】**
六郷川橋梁付近を走る京急の電車。「東京市の交通機関」シリーズの1枚。
**Train crossing the Rokugogawa Bridge【Taisho Era】**
A Keikyu train that runs near the Rokugogawa Bridge. From the "Transportation in Tokyo" series.

穴守駅の駅舎【大正期】1913（大正2）年に移転、開業した穴守駅（二代目）。終着駅の大きな駅舎。
**Anamori Station building【Taisho Era】** Anamori Station (second generation), which was relocated and opened in 1913 (Taisho 2). A large station building at the terminal station.

# 03-7 穴守駅と稲荷橋駅

京急蒲田駅から延びる現在の京急空港線は、1902（明治35）年6月に羽田支線（穴守線）として、蒲田（現・京急蒲田）～穴守（初代）間が開通している。1913（大正2）年12月には羽田側に0・8キロ延伸して、二代目穴守駅が開業。初代穴守駅は羽田（後に稲荷橋）駅と改称した。戦後、現・羽田空港一帯が米軍に接収されたことで、稲荷橋～穴守間は営業休止する。その後、米軍からの返還により、1952（昭和27）年に稲荷橋（現・穴守稲荷）～羽田空港（初代）間が延伸し、営業を再開した。1963（昭和38）年、穴守線から空港線に改称された。

（左）海老取川を渡る電車【大正期】
海老取川に架かる橋梁を渡る京急の電車。
**Train crossing the Ebitorigawa River【Taisho Era】** A Keikyu train crossing the Inaribashi Bridge over the Ebitorigawa River.

（右）穴守稲荷駅【現在】
初代穴守駅から変わった、現在の穴守稲荷駅。
**Anamori-Inari Station【present day】** Present day Anamori-Inari Station has changed from the original Anamori Station.

立会川付近を走る電車【大正期】立会川付近を走る京急の電車、奥には社殿のような建物が見える。
**Train running near Tachiaigawa River【Taisho Era】** The Keikyu train running near Tachiaigawa River, in the background is a building that resembles a shrine.

# 03-8 京急の駅と街

鈴ヶ森駅【昭和戦前期】1904（明治37）年に開業した鈴ヶ森駅。太平洋戦争中に休止、後に廃止された。
**Suzugamori Station【Prewar Showa Era】** Suzugamori Station opened in 1904 (Meiji 37). Shut down during the Pacific War and later decommissioned.

海岸駅【昭和戦前期】海岸（現・大森海岸）駅の駅舎と京急の電車。この当時は地上駅だった。
**Kaigan Station【Prewar Showa Era】** The station building of Kaigan (currently Omori Kaigan) station and the Keikyu train. It was a surface-level station at that time.

京浜電気鉄道の本社【昭和戦前期】
京浜電気鉄道の本社、この当時は川崎市に本社があった。
**Keihin Electric Railway Headquarters【Prewar Showa Era】** The head office of Keihin Electric Railway was headquartered in Kawasaki City.

京急沿線の海水浴、水着の女性【大正期】八幡納涼会、羽田扇ヶ浦海水浴、新子安海水浴を案内する京浜急気鉄道の広告絵葉書。
**Ocean beaches along the Keikyu line, women in swimsuits【Taisho Era】** An advertising postcard of Keihin Kyuki Railway that guides you to summer events

# 03-9 京浜電気鉄道の路線図

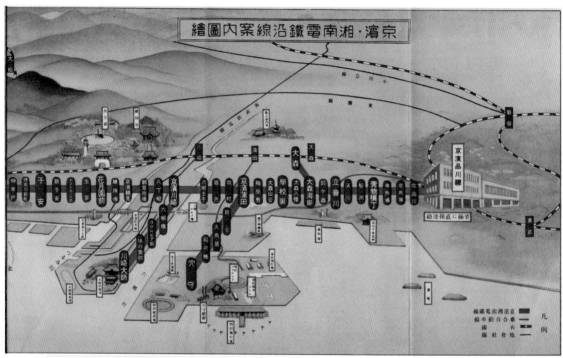

**京浜・湘南電鉄沿線案内図絵（部分）【昭和戦前期】**大森支線が存在した頃の京浜電気鉄道の沿線案内図。
**Keihin / Shonan Electric Railway Line Guide Map (Part)【Prewar Showa Era】**
A guide map along the Keihin Electric Railway when the Omori branch line existed.

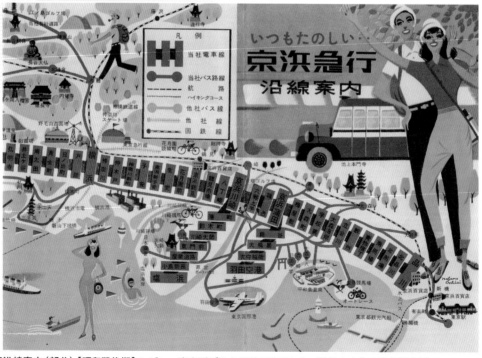

**京浜急行沿線案内（部分）【昭和戦後期】**レジャー客を呼び込む目的で作られた、戦後の京急の沿線案内図。
**Keihin Kyuko Line Information (Part)【Postwar Showa Era】**
A guide map along the Keikyu line after the war, created for the purpose of attracting leisure travelers.

京急本線は、旧東海道に沿った軌道線として開通した歴史をもち、位置・名称が変化した駅も多く、現在は廃止された駅も存在する。空港線（穴守線）もその歴史的経緯から、駅名の推移はかなり複雑になっている。ここで触れておきたいのは現在の大森海岸駅。この駅は1901（明治34）年、川崎・大森方面を結ぶ本線の八幡駅（初代）として開業。その後、1904（明治37）年に品川方面とも結ばれたことで、

本線と大森支線が分岐する駅となり、海岸駅（二代目）と改称した。一方で、本線上には停車場道駅、海岸駅（初代）という2つの駅の存在があり、停車場道駅は八幡駅（二代目）をへて、大森八幡駅となって、1943（昭和18）年まで存在していた。現在の大森海岸駅は、1933（昭和8）年に海岸駅から駅名を改称してある。

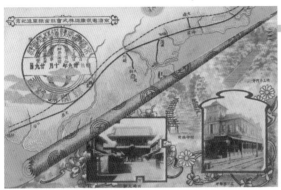

**京浜電気鉄道全線開通記念【1906年】** 京浜電気鉄道の全線開通を記念して発行された絵葉書。品川事務所の写真がある。
**Commemorating completion of Keihin Electric Railway line【1906】** A postcard issued to commemorate the opening of the entire Keihin Electric Railway. There is a photo of the Shinagawa office.

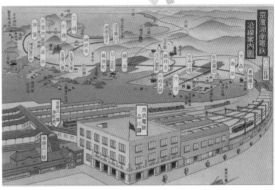

**京浜湘南電鉄沿線案内図【昭和戦前期】** 始発駅となった品川駅を大きくクローズアップした、京浜湘南電鉄の沿線案内図。
**Keihin Shonan Electric Railway Line Guide Map【Prewar Showa Era】** A guide map along the Keihin Shonan Electric Railway featuring a close-up of Shinagawa Station, which was the first station.

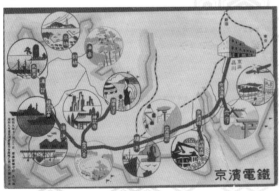

**京浜電鉄沿線案内図【昭和戦前期】**
穴守稲荷神社、海の家のイラストが見える。
**Keihin Electric Railway Line Guide Map【Prewar Showa Era】** You can see the illustrations of Anamori Inari Shrine and Umi no Ie (Sea house).

**京浜電鉄沿線案内図【昭和戦前期】**
穴守稲荷神社、海の家に東京飛行場が加わっている。
**Keihin Electric Railway Line Guide Map【Prewar Showa Era】** Shows Tokyo Airfield along with Anamori Inari Shrine and Umi no Ie (Sea house).

**（左）京浜電鉄線路、羽田運動場、大師公園【明治後期】**
京浜電鉄の線路図とともに、羽田運動場の写真がデザインされている。
**Keihin Electric Railway Line, Haneda Athletic Field, Daishi Park【Late Meiji Era】** Design features a photo of Haneda Athletic Field along with the track map of the Keihin Electric Railway.
**（中）京浜電鉄線路（絵葉書、部分）【明治後期】**
**Keihin Electric Railway Line (postcard, part)【Late Meiji Era】**

# 03-10 池上線・目蒲線・大井町線路線図

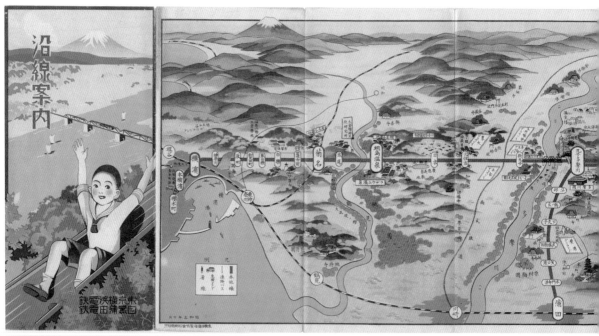

**東京横浜電鉄・目黒蒲田電鉄沿線案内（左）【昭和戦前期】**
東横線、目蒲線、大井町線沿線の観光名所が描かれた案内図。
**Tokyo-Yokohama Electric Railway / Meguro Kamata Electric Railway Line Guide (left) 【Prewar Showa Era】**
A guide map showing tourist attractions along the Toyoko Line, Mekama Line, and Oimachi Line.

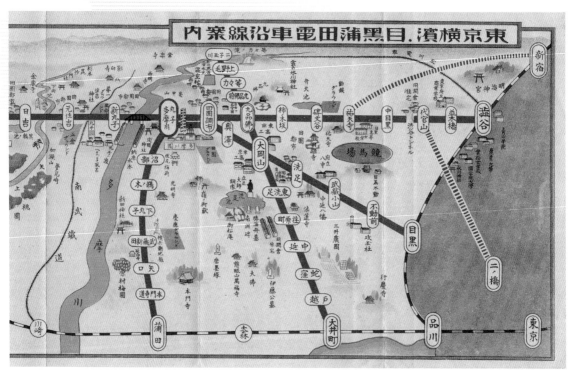

**東京横浜電鉄・目黒蒲田電鉄沿線案内（部分）【昭和戦前期】** 東横線、目蒲線、大井町線沿線の観光名所が描かれた案内図。
**Tokyo Yokohama Electric Railway / Meguro Kamata Electric Railway Line Information (Part) 【Prewar Showa Era】**
A guide map showing tourist attractions along the Toyoko Line, Mekama Line, and Oimachi Line.

**池上電車沿線案内【昭和戦前期】**
洗足池でボートに乗る松竹蒲田撮影所所属の俳優の姿がある。
**Ikegami train route guidance【Prewar Showa Era】**
Image of an actor of the Shochiku Kamata Photo Studio who gets on a boat at Senzokuike.

**目黒・東横・池上電車路線図（部分）【昭和戦前期】**
**Meguro / Toyoko / Ikegami train route map（Part）【Prewar Showa Era】**

　東急の池上線は、池上電気鉄道が池上本門寺の参詣客輸送を目的に1922（大正11）年に蒲田～池上間が開通した。その後、北西側に延伸を重ねて、1934（昭和9）年に目黒蒲田電鉄（現・東急）の路線となった。一方、目黒蒲田電鉄の目蒲線（現・東急多摩川線）は1923（大正12）年に蒲田線の丸子（現・沼部）～蒲田間が開通したことで、目黒線と合わせて目蒲線となった。昭和戦前期には、田園都市構想などに伴う分譲地の開発により、都内近郊の通勤・通学路線と

なり、戦後は東急の路線として発展を遂げている。
　東急の蒲田駅はJR駅の西側にあり、東急両線はJR線に対してT字形の配置となっている。JR駅が橋上駅舎をもつ地上駅であるのに対して、東急両線の蒲田駅は高架駅となっている。当初は別々の地上駅であったが、配線や位置の変化を伴いながら改築が行われ、1968（昭和43）年に高架化されて、現在は頭端式ホーム5面4線をもつ駅となっている。

## ◇目蒲線（東急多摩川線）◇

　東京生まれ東京育ちとは言え、自分にとっての活動範囲、生活圏内はほとんど東京の東側。ハッキリ言って秋葉原よりも西へはほとんど行ったことがなかったのです。川と言えば隅田川、荒川、江戸川・・・。
　恥ずかしながら高校生になるまで、目蒲線と言う路線を知りませんでした。その存在を知ったのは高3の春で、ウチのベーシスト、桜井賢に出会ってからです。彼は埼玉県秩父郡荒川村（現在は秩父市）の生まれなのですが、明治学院高校入学と同時に西小山の叔母さんの家に下宿することになり

ます。その彼から聞いたのが、武蔵小山、西小山、目蒲線・・・初めて耳にする言葉でした。
　その代わりと言ってはナンですが、彼は僕の地元である東武亀戸線を知りませんでした。どっちもどっちか。初めて僕の家に遊びに来た彼は、その2両の電車に大笑いをしていました。都内にこんな小さな路線があるのか、って。その後、僕は彼の西小山の下宿に遊びに行った時に初めて目蒲線に乗ったのですが、何と3両編成ではないですか。五十歩百歩ならぬ、2両3両だな…、2人で大笑いしました。今は無き緑色の車両が懐かしい。

八景園、本館【明治後期】堂々たる茅葺屋根の八景園の建物、本館か。
**Hakkeien, main building【Late Meiji Era】**
Perhaps the main building of the Hakkeien building with its majestic thatched roof.

# 04 大森の市街地と丘陵部
CHAPTER
## Omori city area and hills

## 04-1 八景園

　JR大森駅の西側、山王口前の池上通りは、ゆるやかな坂道になっている。この坂上からは東京湾の沿岸が一望でき、遠く房総半島まで見渡された。江戸時代には、「笠島夜雨、鮫洲青嵐、大森暮雪、羽田帰帆、六郷夕照、大井落雁、袖浦秋月、池上晩鐘」と称される八景が定められた。現在、大森駅のすぐ西側には八景天祖神社が鎮座し、石段の横には石碑（八景碑）が建てられているが、ここには源義家が鎧を掛けた、鎧掛松という松があったという。

　この高台には明治から大正期にかけて、「八景園」と呼ばれる遊園地が存在した。1884（明治17）年、実業家の久我邦太郎が約3万3000平方メートルの土地を求め、梅や桜の木を植えて、カニ料理を出す料理店「三宜楼」や旅館も開店した。しかし、その後に来園者は減少し、1922〜24（大正11〜13）年にかけて、住宅地として分譲された。八景園があった山王2丁目周辺は現在、高級住宅地となっている。なお、久我邦太郎は1891（明治24）年に大森の海岸（現・大森本町1丁目）で、東京湾で初の海水浴場「八幡海水浴場」を開いた人物でもある。

**（中）八景園（デザイン絵葉書）【明治後期】**
床几に腰かけてお茶を飲む老人のイラストと、八景園の門の写真。
**Hakkeien (design postcard)【Late Meiji Era】**
An illustration of an old man sitting on the floor and drinking tea, and a photo of the gate of Hakkeien.

**（下）八景園の入り口【明治後期】**
八景園の入り口、来園者たち。
**Entrance of Hakkeien【Late Meiji Era】**
Visitors at the entrance of Hakkeien.

八景園、庭園【明治後期】八景園、木立の中で休憩する人々。
Hakkeien, garden【Late Meiji Era】
Hakkeien, people resting in the grove.

八景園、茶店【明治後期】春の季節には美しい花が開く場所か。
Hakkeien, teahouse【Late Meiji Era】
Hakkeien's teahouse, perhaps a place where beautiful flowers bloom in the spring.

(左中)朝の八景園【明治後期】高台にある八景園から、大森の風景を眺める女性。
Hakkeien in morning【Late Meiji Era】A woman looking at the scenery of Omori from Hakkeien on a hill.

(右中)八景園、梅花【明治後期】梅の花が咲く時期の八景園、梅林付近。
Hakkeien, plum flowers【Late Meiji Era】Near the plum grove, Hakkeien, when plum flowers are in bloom.

(右下)八景園跡地【現在】マンションに変わった八景園跡地。
Former site of Hakkeien【present day】The site of Hakkeien, which has been transformed into a condominium.

## ◇大森駅付近◇

　大森駅前の池上通りを北に向かった通り沿いに、カメラ・コレクターのO先生の自宅がありました。中古カメラ市やクラシックカメラ店で何度かお会いし、いつの間にか顔なじみになっていきました。

　一度遊びに来ないかということで、先生の自宅へカメラを見に行かせて頂いたことがあります。庭付きの一軒家で、車もその庭先に止めることが出来ました。先生の自慢のコレクションを拝ませて頂き、その統制の取れた収集品に頭が下がる思いでした。先生は吉祥寺近くの女子短期大学の教

授で、先生に誘われて2人で一度授業をやってみよう、と言うことになったのです。講義のテーマはカメラのコレクションやそのこだわりについて。お年頃の女子大生たちにとっては、イイ迷惑だったに違いありません。

　先生とはここ20年ほどお会い出来ていない。中古カメラブームも去り、デジカメ、スマホの時代です。あの頃、毎日のように通ったカメラ店も次々となくなって行きました。先生は今どんな思いで、この時代を過ごされているのでしょうか。

**望翠楼ホテル【大正期】**大森・馬込の文士、画家らが集った望翠楼ホテル。社交場的な雰囲気があった。
**Bosuirou Hotel【Taisho Era】** The Bosuirou Hotel is a gathering of literary figures and painters from Omori and Magome. There was a social atmosphere.

# 04-2 望翠楼ホテル

大森海岸の海水浴場とともに八景園や日本小銃協会射的場、テニスコートなどの娯楽施設があり、郊外の行楽地だった大正・戦前期の大森。大森駅西側の高台には、2つの有名なホテルが存在していた。ひとつは1912（大正元）年に建設された、横浜の実業家、若尾幾太郎が経営する望翠楼ホテルで、木造2階建ての収容人員40人ほどの小規模だったが、食事を含めて西洋式の本格的なホテルだった。ここには堀口大学、佐藤春夫といった小説家、詩人、画家や来日した外国人も多く滞在し、馬込文士村に集まった芸術家たちの「大森丘の会」の会場ともなっていた。望翠楼ホテルは関東大震災の前年、1922（大正11）年に廃業している。

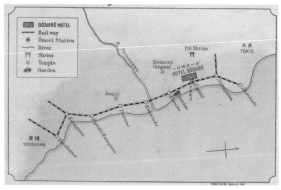

**（左）望翠楼ホテルのパンフレット【大正期】**英語で書かれた望翠楼ホテルのパンフレット、外国人向けの小冊子。
**Pamphlet of Bosuirou Hotel【Taisho Era】** Pamphlet of Bosuirou Hotel written in English, booklet for foreigners.
**（右）望翠楼ホテルの地図【大正期】**「ボースヰロー」のカタカナ表記がユニークなホテルの案内地図。
**Map of Bosuirou Hotel【Taisho Era】** A guide map of a hotel with a unique katakana spelling for "Bousuirou".

# 04-3 望翠楼ホテルと大森市街

**望翠楼ホテルから見た大森市街【大正期】**
ホテルの庭園から見える大森の市街地と東京湾の絶景。
**Omori city seen from the Bousuirou Hotel【Taisho Era】**
A spectacular view of the city of Omori and Tokyo Bay from the hotel garden.

**望翠楼ホテルから見た大森市街【大正期】**
東海道本線の線路の向こうに大森の市街地、田園地帯が広がる。
**Omori city seen from the Bousuirou Hotel【Taisho Era】**
Expanding beyond the Tokaido main line are the city of Omori and the countryside.

**望翠楼ホテルから見た大森市街【大正期】**
このホテルが美しい風景に恵まれたある場所であることを示している。
**Omori city seen from the Bousuirou Hotel【Taisho Era】**
Shows that this hotel is a place blessed with beautiful scenery.

**入新井町の住宅地【昭和戦前期】**
入新井町(当時)は鉄道の便が良い、東京近郊の住宅地として開発が進んでいた。
**Residential area in Iriarai Town【Prewar Showa Era】**
Iriarai Town (at that time) was being developed as a residential area near Tokyo with good railroad access.

**大森射的場【昭和戦前期】**
明治から昭和戦前期まで、ライフル射撃を行う人で賑わった。
**Omori Shooting Ground【Prewar Showa Era】**
From the Meiji Era to the early Showa Era, the Omori shooting field was crowded with people shooting rifles.

**大森テニスクラブ【現在】**
射的場にあったテニスコートは、現在も営業している。
**Omori Tennis Club【present day】**
The tennis court that was in the shooting range is still open today.

大森ホテルのパンフレット【昭和戦前期】1922（大正11）年に開業した大森ホテルは、客室数も多い本格的なホテルだった。
Omori Hotel Pamphlet【Prewar Showa Era】
The Omori Hotel, which opened in 1922 (Taisho 11), was a full-fledged hotel with many guest rooms.

# 04-4 大森ホテル

　大森のもうひとつのホテルは、1922（大正11）年（1921年説も）に誕生した大森ホテルで、岡山県出身の実業家、猪原貞雄が経営していた。すぐ北側に出来た規模の大きなこのホテルの影響で、先に存在していた望翠楼ホテルは廃業に追い込まれたという。旧新井宿2丁目（現・山王3丁目）にあった大森ホテルは、戦災の被害を受けず、戦後はGHQに接収され

た。解除された後には、大森観光ホテルの名称で営業していた。この大森ホテルは定員約６０人で、花壇や神社などがあり、支那割烹（中国料理）の「應天荘」や独身アパート「瑞雲閣」といった施設も付属していた。跡地はメタセコイアの大きな木がある、大田区立山王公園となっている。

大森ホテル【大正期】
小説家の川端康成ほか文人、画家らも多く滞在した大森ホテル。
**Omori Hotel【Taisho Era】** Omori Hotel where many writers and painters such as the novelist Yasunari Kawabata stayed.

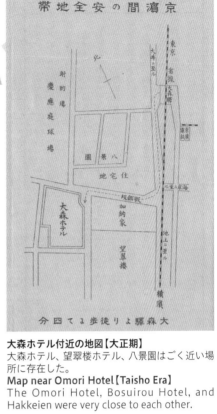

大森ホテル付近の地図【大正期】
大森ホテル、望翠楼ホテル、八景園はごく近い場所に存在した。
**Map near Omori Hotel【Taisho Era】**
The Omori Hotel, Bosuirou Hotel, and Hakkeien were very close to each other.

大森ホテル【大正期】Omori Hotel【Taisho Era】

大森ホテルの食堂【昭和戦前期】
**Omori Hotel Cafeteria【Prewar Showa Era】**

（左）大森観光ホテル
【昭和戦後期】
大森ホテルは戦後も大森観光ホテルとして営業していた。
**Omori Kanko Hotel**
**【Postwar Showa Era】**
The Omori Hotel operated as the Omori Tourist Hotel after the war.
（右）大森ホテルの
パンフレット【昭和戦前期】
**Omori Hotel Pamphlet**
**【Prewar Showa Era】**

**大森、松屋【昭和戦前期】** 関東大震災後、銀座にあった松屋は大森駅西口前に店舗を構えた。
**Omori, Matsuya【Prewar Showa Era】**
After the Great Kanto Earthquake, Ginza Matsuya set up a store in front of the west exit of Omori Station.

# 04-5 大森駅東口

　戦前、東京市が35区に分かれていた時期には、現在の大田区の北側に大森区が存在した。この大森区は1932（昭和7）年、荏原郡の大森町、入新井町、馬込町、池上町、東調布町が合併して誕生。本書で扱う東京湾に近い部分は大森町、入新井町にあたる。さらにさかのぼると大森町の前身である大森村と、1889（明治22）年に不入斗村、新井宿村が合併して誕生した新井宿村（町）があった。

**（左）大森聖マリア病院【昭和戦前期】** カトリック大森教会、大森聖マリア共同医院（病院）の門前に並んだスタッフ。
**Omori St. Mary's Hospital【Prewar Showa Era】**
The staff lined up in front of the Catholic Omori Church and the Omori St. Mary's Joint Clinic (hospital).

**（中）帝国女子医学薬学専門学校【昭和戦前期】** 東邦医科大学の前身、帝国女子医学（薬学）専門学校が大森で開校した。
**Imperial Women's Medical and Pharmaceutical College【Prewar Showa Era】**
The predecessor of Toho University Medical Center, Imperial Women's Medical (Pharmacy) College, opened in Omori.

**（右）入新井第一尋常高等小学校【昭和戦前期】** 大森駅に近い場所にある現・大田区立入新井第一小学校。奉祝運動会の当日風景。
**Iriarai No. 1 Jinjo High Grade Elementary School【Prewar Showa Era】**
The current Ota Ward Iriarai No. 1 Elementary School is located near Omori Station. Scenery on the day of the celebration athletic meet.

大森貝塚【昭和戦前期】
大森貝塚の石碑は２つの区に存在する。これは現・大田区山王１丁目に建つ石碑。
**Omori Shell Mound 【Prewar Showa Era】**
The stone monument of Omori Shell Mound exists in two wards. This is a stone monument that currently stands in Sanno 1-chome, Ota-ku.

# 04-6 大森貝塚

来日したアメリカの動物学者、エドワード・S・モースは1877（明治10）年、横浜から新橋へ向かう東海道本線の車中から古代の遺跡を発見した。間もなく発掘調査が行われ、これが大森貝塚と認められて、日本における考古学の始まりとなった。

この大森貝塚は、現在の品川区と大田区にまたがるもので、戦前に２つの発掘記念碑が建てられている。ひとつは品川区大井６丁目の大森貝塚遺跡庭園に残るもので、現在は周囲が公園として整備され、モース博士の胸像なども設置されている。もうひとつの石碑は、南の大田区山王１丁目に建てられている。

大森貝塚碑【現在】
東海道本線に沿って建っている大森貝塚碑。
**Omori Shell Mound Ruins Garden 【present day】** Omori Shell Mound Ruins Garden is located along the Tokaido Main Line.

大森貝塚【昭和戦前期】
こちらは現・品川区大井６丁目の大森貝塚遺跡庭園に建つ大森貝塚の石碑。
**Omori Shell Mound 【Prewar Showa Era】**
This is the stone monument of Omori Shell Mound, which that currently stands in the Omori Shell Mound Ruins Garden, Oi 6-chome, Shinagawa-ku.

# 大森（昭和4年）

帝国陸軍参謀本部陸地測量部発行「1/10000地形図」

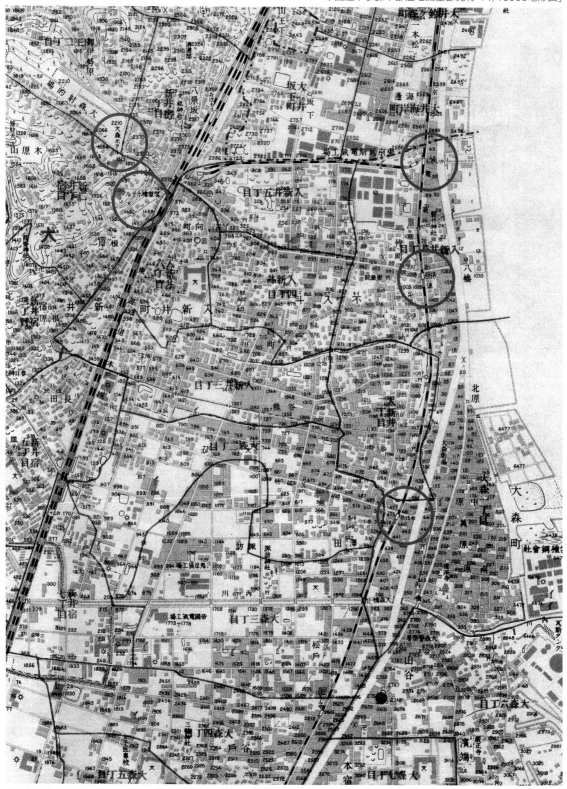

1932（昭和7）年の大森区誕生の前、このあたりは入新井町で、それ以前からあった「不入斗」「新井宿」の地名も見える。大森駅付近では八景園は姿を消しているものの、大森ホテルとともに望翠楼ホテルが記載されている。駅前から延びる京浜電気鉄道の大森支線は、海岸（現・大森海岸）駅で本線と接続していたが、ホームは両線に分かれていたようだ。南側に見える八幡駅、大森駅は後に廃止されて、代わって平和島駅が置かれている。

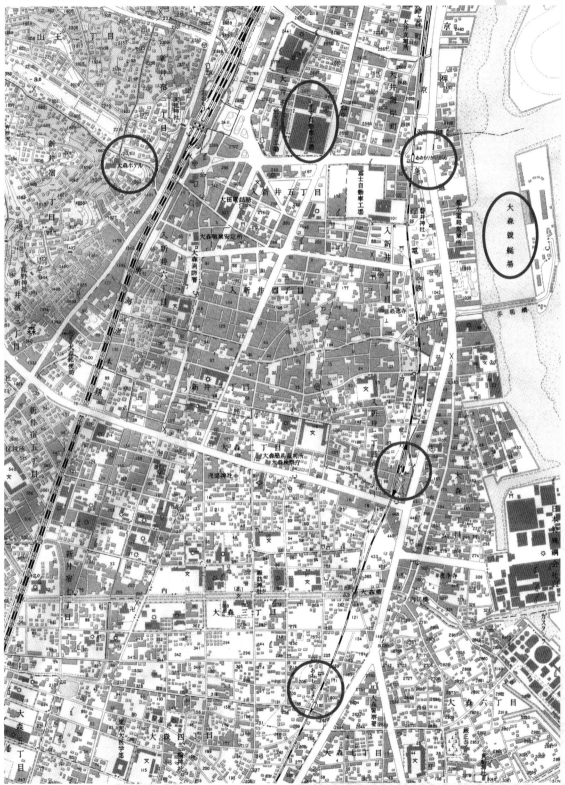

京浜電気鉄道（京急）の大森支線は廃止され、北側にあった東京瓦斯電気工場はいすゞ自動車の工場に変わっている。京急本線には大森海岸（旧・海岸）駅、学校裏（現・平和島）駅、大森町（旧・山谷）駅が置かれている。海岸線では埋め立てが進み、平和橋が架けられて、大森（現・平和島）競艇場が誕生している。東海道本線の西側では、大森ホテルは見えるものの、大森射的場は姿を消している。このあたりの地名は、まだ「山王」に変わっていない。

**大森納涼会の会場、清花園【大正期】** 現・大森海岸駅付近にあった清花園で開催されていた大森納涼会。左手奥に電車が見える。
**Omori summer party venue, Seikaen【Taisho Era】** The Omori summer party was held at the Seikaen near the current Omorikaigan station. You can see the train on the far left.

# 05 CHAPTER 大森海岸・森ケ崎
## Omori Beach / Morigasaki

## 05-1 大森納涼会

　京浜電気鉄道の本線と大森支線が分岐する現・大森海岸駅の南西に広がっていたのが、釣り堀や鉱泉を備えた大森清花園。明治末期～大正初期の夏期にはここで大規模な納涼会が開かれ、その風景が絵葉書に残されている。園内には「新富士山」という築山が設けられて、山上から眺望を楽しんだり、人口の滝で涼を味わうこともできた。また、ローラースケート場や娯楽場も設けられていた。この大森清花園の存在は短い期間であり、その後はアサヒビールの大森工場などに変わり、現在はイトーヨーカドー大森店が誕生している。また、敷地の一部は大田区立清花公園となっている。

**大森支線を走る電車（部分）【大正期】**
京浜電気鉄道の電車は、ここをカーブして大森駅方向に向かっていた（大森支線）。
**Train running on the Omori branch line (Part)【Taisho Era】**
The Keihin Electric Railway train turned around here and headed toward Omori Station (Omori branch line).

**納涼会の新富士山【大正期】**富士信仰のもと、納涼会で見晴台の役割を果たしていた新富士山。
**New Mt. Fuji of the summer party【Taisho Era】**
Under the religious belief in Fuji, New Mt. Fuji served as a viewing platform during summer parties.

**（左）清花園の大滝【大正期】**納涼会に涼風を運んでいた大滝。新富士山の裏側にあったものか。
**Large waterfall in Seikaen【Taisho Era】**
Large waterfall was carrying a cool breeze to the summer party. Was it behind New Mt. Fuji?

**（中）清花園の納涼会場【大正期】**賑わいを見せる納涼会場、観覧場、売店付近の風景。
**Seikaen's summer party venue【Taisho Era】**
Scenery near the lively summer party venue, viewing area, and shop.

**（右）納涼会の余興、大森音頭【大正期】**大森新地の芸者らが踊る余興、大森音頭の舞台。
**Sideshow of the summer party, Omori Ondo【Taisho Era】**
The stage of Omori Ondo, a sideshow where geisha from Omori Shinchi dance.

**大鳥居より新富士山を望む【大正期】**新富士山の前に設置されていた大鳥居。千社札が多数、貼られている。
**Overlooking New Mt. Fuji from Otorii【Taisho Era】**
Otorii was installed in front of New Mt. Fuji. Many Senjafuda (votive card) are affixed.

**ローラースケートをする人々【大正期】**
当時、人気のあったローラースケートを楽しむ人々。
**Roller skating people【Taisho Era】**
People who enjoy roller skating, which was popular at that time.

大森の海水浴【大正期】
海水浴を楽しむ子供たちと海中にせり出した海の家、波打ち際の人々。
**Omori sea bathing【Taisho Era】**
Children enjoying the sea bathing, sea houses extended into the sea, and people on the beach.

# 05-2 大森の海水浴

　八幡海水浴場と呼ばれた、大森（海岸）の海水浴場は明治中期、八景園を建設した実業家、久我邦太郎によって開かれたといわれる。東京方面から距離が近く、鉄道の便もよかったことから、明治、大正期には手軽に行ける海水浴場として大いに賑わいを見せていた。しかし、大森海岸における埋め立てが進んだことで、海水浴ができる海岸は姿を消す。昭和10年ごろには羽田、月島の地が、東京（湾）における主要な海水浴場となってゆく。

大森海水浴場、水着の女性【大正期】
海岸のはしごの上にいる水着の女性。
**Omori beach, a woman in the swimsuit【Taisho Era】**
A woman in the swimsuit on a beach ladder.

（右中）大森の海水浴【大正期】
**Omori sea bathing【Taisho Era】**
（右下）大森海水浴場、多数の舟【大正期】
**Omori beach, many boats【Taisho Era】**

**大森の海水浴【大正期】**東京毎夕新聞がスポンサーになっていた大森海水浴場。海中の構築物に多くの人がいる。
**Omori beach【Taisho Era】**
Omori beach sponsored by the Tokyo Every Evening Newspaper. Many people on ocean structures.

**（左）大森の海水浴【大正期】**さまざまな姿（水着）で海水浴を楽しむ人々。水着が普及し始めた頃。
**Omori beach【Taisho Era】**
People who enjoy swimming in various styles (swimsuits). Around the time when swimwear began to grow in popularity.

**（中）大森の海水浴【大正期】**海水浴場で舟を出す人、右は白い着物で海に入る女性。
**Omori beach【Taisho Era】**
A person leaving a boat at the beach, a woman on the right entering the sea in a white kimono.

**（右）海上から見た大森の海岸【大正期】**海中に立つ人々の背丈から、遠浅の海岸だったことがわかる。
**Omori coast seen from the sea【Taisho Era】**
From the height of the people standing in the sea, we can see that it was a shallow coast.

## ◇大森の海水浴◇

　僕にとって、子供の頃の海水浴場と言えば千葉県の御宿や富津、少し足を延ばして茨城県の大洗でした。少し大人になってからは、三浦海岸なども仕事がらみで行くことが何度かあったのですが、逆に東京都内の海水浴場には行った覚えはありません。都内では、代々木や浜町のプールならば、メンバーと何度か一緒に行ったことはあるのですが、そもそも泳ぎはあまり好きじゃなかった

ので、及び腰の参加ではありました。
　大森の海水浴場は、1962（昭和37）年頃に廃止になったとのこと。その頃の音楽事情と言えば、まだベンチャーズやビートルズ、加山雄三さんやグループサウンズが一大ブームを起こす前。果たして大森の海の家では、どんな音楽が流れていたのでしょうか。もしや演歌とか…？

（左上）**大森海岸、全国烟花大競技会【1909年】** 報知新聞社が主催した全国烟花大競技会の風景。舟から見たものか。
**Omori coast, National Fireworks Competition, 【1909】**
 Scenery of the National Fireworks Festival hosted by Hochi Shimbun. Perhaps a view from a boat.

（左中）**打ち上げ花火の大筒が並ぶ【1909年】** 海岸に並べられた打ち上げ花火の大筒、警察官の姿も。
**Large cylinders of fireworks lined up, 【1909】**
Large cylinders of fireworks lined up on the beach and police officers.

**烟花競技大会の打ち上げ花火【1909年】**
大森海岸の夜空に上がった打ち上げ花火。光の饗宴の夜景。
**Fireworks at the Fireworks Festival, 【1909】**
Fireworks launched in the night sky on the Omori coast. Night view of the lights.

# 05-3 大森の花火大会

　大森海岸における夏期のイベントとしては、先述した大森清花園の納涼会とともに、花火大会も開催されていた。絵葉書に残っているのは、報知新聞社が主催した1909（明治42）年の「全国烟花大競技会」の風景である。この花火大会は、8月14・15日の2日間にわたって行われ、昼間の準備の状況や夜間の打ち上げ花火の姿が撮影されている。詳しい場所、詳細などは不明である。

**全国烟花大競技会の賑わい【1909年】**
全国烟花大競技会の会場にテントが建ち、大勢の人が集まっている。
**Bustle of the National Fireworks Festival, 【1909】**
Tents have been built at the venue of the National Fireworks Festival, and a large number of people are gathering there.

**（上左）大森の朝嵐、漁舟の櫓歌【明治後期】** 大森海岸で漁舟を沖に出す風景か。「行雲流水」と題したピクトリアリズムの絵葉書。
**Omori morning storm, fishing boat turret song【Late Meiji Era】** Perhaps the scenery of leaving a fishing boat off the coast of Omori. A pictorialism postcard entitled "Koun Ryusui".

**（上中）大森の海岸、帆船【明治後期】** 大森の海岸で、帆を下ろした２隻船。
**Omori coast, sailing ship【Late Meiji Era】** Two ships lowering sails on the coast of Omori.

**（中左）大森の松並木【明治後期】** 大森の松並木、旧東海道の風景か。
**Omori pine trees line【Late Meiji Era】** A row of pine trees in Omori, the scenery of the old Tokaido.

**（中中）大森の潮干狩り【明治後期】** 海苔養殖のひびがある海岸で潮干狩りをする女性たち。
**Clam digging in Omori【Late Meiji Era】** Women clamming on the cracked beaches of seaweed farming.

**（右）大森八幡社【明治後期】**「大森八幡社」のタイトルがあるが、正式な神社名は不明。
**Omori Hachiman Shrine【Late Meiji Era】** There is a title of "Omori Hachiman Shrine", but the official shrine name is unknown.

# 05-4 大森の海岸・海苔

　大森は海苔養殖発祥の地として有名で、江戸時代から戦後まで、大森の海岸では海苔の養殖が行われていた。東京湾の湾岸一帯は、日本有数の海苔の産地だったが、中でも大森の海苔は品質がよく、「御前海苔」として将軍家などに献上されていた。

　昭和30年代、埋め立てが進んで工場地帯が広がっ

たことで、海苔の養殖は終了するが、その名残として大森地区には40軒以上の海苔問屋が店舗を構えているの。また、2008（平成20）年には、京急の平和島駅に近い平和の森公園に「大森　海苔のふるさと館」が開館している。

**大森の海苔干場【昭和戦前期】** 人家を囲むように並べられた海苔干し台。同じ建物は森ケ崎の風景にもみられる。
**Omori seaweed drying area【Prewar Showa Era】**
Seaweed drying tables lined up to surround a private house. The same building can be seen in Morigasaki.

**大森、海苔の繁殖場【昭和戦前期】**
海岸にずらりと並んでいる海苔養殖のひび。
**Omori, seaweed breeding ground【Prewar Showa Era】**
Seaweed cultivation cracks lined up along the coast.

森ケ崎の街並み【大正期】鉱泉と海水浴で賑わった森ケ崎の市街地。現在の住居表示は「大森南」。
**Morigasaki cityscape【Taisho Era】** The city of Morigasaki, which is full of mineral springs and sea bathing. The current address is "Omori Minami".

# 05-5 森ケ崎の街並み

「森ケ崎」は現在、森ケ崎公園のある大森南地区と重なり、1877 (明治10) 年の開拓によって誕生した場所で、「大森の崎」というのが地名の由来である。明治中期には、森ケ崎鉱泉が発見されたこともあり、戦前には旅館街、歓楽街が形成されていた。戦後、森ケ崎鉱泉にあった旅館は、会社の社宅などに転用された。そのひとつ、旧平盛旅館を利用した社宅で暮らしていた、雨甲斐克枝さん (大田区立羽田図書館副館長) に話を聞いてみた。

「昭和30年代、私は父の勤めていた会社の社宅に住んでおりました。そこは元々、平盛旅館という

ところで、私たちは『ひらもり寮』と呼んでおりました。大きな門を入ると、広い三和土のある玄関、中に入ると長い廊下や大きな炊事場があり、渡り廊下で隣の棟に遊びに行くようになっていました。(池のあった) 庭は回遊できるようになっており、大きな旅館であったと思います」。戦前の平盛旅館は、海岸線から少し離れた現・森ケ崎十字路 (大森南2丁目) 近くにあり、森ケ崎鉱泉では中規模の広さの旅館だったと推測される。

「私たち家族が住んでいたところは高床になっており、ちょうど2階部分にあたるところで、掃き出し窓には欄干が渡されており、部屋から池が眺められるようになっていました。私たちがいたときには、池はありませんでしたが、庭を掘ると必ず貝殻が出てきました」。古くは海岸であった場所が後に農地となり、旅館街として賑わった後、現在は住宅地に変わっている。

大森南二郵便局付近【現在】
森ケ崎は現在、「大森南」の地名に変わっている。
**Near Omori Minami 2 Post Office【present day】**
Today, Morigasaki has been renamed to "Omori-minami".

森ケ崎と羽田を結ぶ渡し舟【大正期】森ケ崎〜羽田間の渡し舟。料金は大人２０銭、小人１０銭だった。
**A ferry that connects Morigasaki and Haneda【Taisho Era】**
A ferry between Morigasaki and Haneda. The fee was 20 sen for adults and 10 sen for children.

# 05-6 森ケ崎の海岸

（左）森ケ崎の海苔干場【大正期】海苔干しの作業をする人々。大森の海苔干場と同じ場所か。
**Seaweed drying area in Morigasaki【Taisho Era】** People who work on drying seaweed. Perhaps the same place as the seaweed drying area in Omori.

（中）森ケ崎の帰帆【明治後期】 **Ships returning to Morigasaki【Late Meiji Era】**

（右）森ケ崎の海岸、護岸壁【大正期】 **Morigasaki coast, revetment wall【Taisho Era】**

森ケ崎の海岸、護岸壁前の女性【大正期】２人の女性が立っている森ケ崎の海岸、犬を連れた散歩中の男性も。
**A woman in front of the seawall on the coast of Morigasaki 【Taisho Era】** A man taking a walk with a dog on the coast of Morigasaki where two women are standing.

森ケ崎の釣り堀【大正期】森ケ崎鉱泉の釣り堀で釣りを楽しむ人々。
**Morigasaki fishing pond【Taisho Era】** People who enjoy fishing in the fishing pond of Morigasaki mineral spring.

森ケ崎鉱泉場、石碑【明治後期】
1899（明治32）年に発見された森ケ崎鉱泉の記念碑が右側に建っている。
**Morigasaki Spa, stone monument【Late Meiji Era】**
The monument to the Morigasaki mineral spring, which was discovered in 1899 (Meiji 32), stands on the right side.

# 05-7 森ケ崎の鉱泉

　1899（明治32）年に発見された森ケ崎鉱泉は、芥川龍之介や田山花袋ら文人墨客が訪れた東京近郊の保養地だった。明治30年代から建ち並んでいった旅館は、釣り堀や池を有したところが多く、滞在客は釣りを楽しんで鉱泉に入り、魚介料理に舌鼓を打った。花袋は『東京近郊　一日の行楽』で、「森ケ崎は、京浜電車の蒲田停留場から下りて、海岸の方へ十町ほど行く。ここも矢張新しく開けたところだが、世

離れているのと、海が近いのとで、静かに一夜をすごしに行くものもかなり多い」と書いている。

　この森ケ崎鉱泉を代表する旅館としては、「万金」や「寿々元」「帝国館」「富士川」などがある。大森南5丁目の日蓮宗の寺院、大森寺（森ケ崎題目堂）には1901（明治34）年に建てられた、森ケ崎鉱泉源泉碑が残っている。

**(左) 森ケ崎公園付近【現在】**東京モノレールが走る森ケ崎公園付近。
**Near Morigasaki Park【present day】** Near Morigasaki Park where the Tokyo Monorail runs.
**森ケ崎鉱泉場の遠望【明治後期】**旅館が建ち並ぶ森ケ崎鉱泉場の遠望。リヤカーで荷物を運ぶ人々が見える。
**A distant view of the Morigasaki mineral spring【Late Meiji Era】** A distant view of the Morigasaki mineral spring where inns are lined up. You can see people carrying luggage in the rear car.

（上左）森ケ崎鉱泉場の旅館「万金」【明治後期〜大正期】1907（明治40）年に開業し、演劇関係者らが利用した旅館「万金」。
Morigasaki mineral spring inn "Mankin"【Late Meiji to Taisho Era】Opened in 1907 (Meiji 40), the inn "Mankin" was used by theater people.

（上中）森ケ崎鉱泉場の旅館「寿々元」【大正期】森ケ崎鉱泉場の老舗旅館のひとつ「寿々元」。建物も立派である。
Morigasaki mineral spring inn "Suzumoto"【Taisho Era】"Suzumoto" is one of the long-established inns in the Morigasaki mineral springs. The building is also splendid.

（上右）森ケ崎鉱泉場の旅館「大光館」【大正期】竹垣が美しい旅館「大光館」の玄関。
Morigasaki mineral spring inn "Daikokan"【Taisho Era】The entrance of the inn "Daikokan" with beautiful bamboo fences.

（下左）森ケ崎鉱泉場の旅館「帝国館」【大正期】旅館「帝国館」の庭園、釣り堀で釣りをする人々が見える。
Morigasaki mineral spring inn "Teikokukan"【Taisho Era】You can see people fishing in the garden of the inn "Teikokukan" and the fishing pond.

（下中）森ケ崎鉱泉場の旅館「三好館」【明治後期〜大正期】旅館「三好館」では、釣り堀の上に屋根付きの部屋を設けて、料理を給仕していた。
Morigasaki mineral spring inn "Miyoshikan"【Late Meiji to Taisho Era】At the inn "Miyoshikan", a covered room was set up above the fishing pond to serve food.

（下右）森ケ崎鉱泉場の旅館「富士川」【明治後期〜大正期】旅館「富士川」の玄関、大正、昭和戦前期に営業を行っていた。
Morigasaki mineral spring inn "Fujigawa"【Late Meiji to Taisho Era】Entrance of the inn "Fujigawa", which was in business from the Taisho Era to the prewar Showa Era.

## ◆森ケ崎◆

　今から35年以上も前の事なので記憶が定かではないのですが、突然、都内で釣りが出来ないものかと思い立ち、環状七号線の先まで行けばハゼくらいは釣れるだろうと、モンキーバイクを飛ばした思い出があります（モンキーじゃ飛ばすったって、たかが知れていますが）。肝心のその場所が定かではありませんが、おそらく森ケ崎公園の先端辺りだったのではなかろうかと。平和島の手前にあった小さな釣具屋で餌を買い、行ける所まで行けば海はあるだろうと思った若かりしあの日。午後の帰り道、環七での虚しい運転を思い出すと、

おそらく大した釣果ではなかったのだと思います。

　明治から昭和にかけて森が崎は、温泉旅館や花街でとても賑わっていたようです。もしも僕がその時代に生まれていたら、芸者さんと歌ったり踊ったり…。願望か妄想か？いやいや実は祖父が、当時、向島の花街でそんな風に遊んでいたそうなのです。お前は隔世遺伝に違いない、爺ちゃんにそっくりだ、と親に言われ続けていたので、自分でも薄々そうなのかな、と。自分が生まれる前の時代に浪漫を感じ、憧れるのは僕だけじゃないはず。

大井コンテナ埠頭【昭和戦前期】東京港で最大の埠頭に発展する大井コンテナ埠頭。
**Oi Container Wharf【Prewar Showa Era】** Oi Container Wharf develops into the largest wharf in Tokyo Harbor.

# 05-8 大井埋立地

　平和島は戦前から戦後にかけて、東京湾を埋め立てて誕生した人工島で、当初は京浜第二区埋立地と呼ばれていた。1967（昭和42）年に竣工すると平和島と呼ばれるようになるのは、戦時中には連合国側の捕虜を収容する東京捕虜収容所が置かれ、戦後は東条英機ら戦犯を収容する場所になっていたことか

ら、平和を祈念する意味があったという。

　現在は平和島公園、平和の森公園があり、西側には平和島競艇（ボートレース）場、天然温泉平和島、東側には骨董市などが開催される東京流通センター（TRC、イベント会場）が存在し、その東側には京浜運河がある。

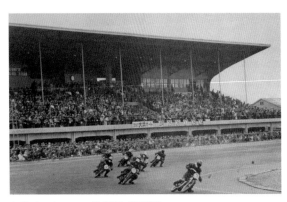

大井オートレース場【昭和戦前期】
1954（昭和29）年から1973（昭和48）年まで、レースが開催されていた。
**Oi Auto Race Ground【Prewar Showa Era】**
The race was held from 1954 (Showa 29) to 1973 (Showa 48).

大井競馬場【昭和戦前期】
現在はナイターレースで賑わっている公営競技のメッカ、大井競馬場。
**Oi Racecourse【Prewar Showa Era】**
Oi Racecourse, a mecca for public competitions that is currently crowded with night races.

平和島温泉会館の夜景【昭和戦前期】
1957 (昭和32) 年に開館した平和島温泉会館。遊園地、プールなどもあった。
**Night view of Heiwajima Hot Spring Hall【Prewar Showa Era】**
Heiwajima Hot Spring Hall opened in 1957 (Showa 32). There was also an amusement park and a pool.

平和島の空撮【昭和戦前期】平和橋で結ばれていた平和島の空撮。周囲はまだ埋め立てが行われていなかった。
**Heiwajima aerial view【Prewar Showa Era】**
An aerial view of Heiwajima, which was connected by the Heiwabashi Bridge. The surrounding area had not yet been reclaimed.

# 05-9
# 平和島温泉

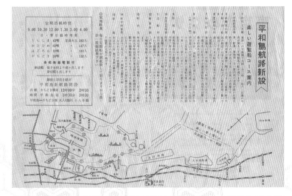

平和島航路、遊覧船地図【昭和戦前期】勝鬨橋、羽田方面を結んでいた遊覧船、平和島航路の案内地図。
**Heiwajima route, pleasure boat map【Prewar Showa Era】**
A guide map of the Kachidokibashi Bridge, the pleasure boat connecting the Haneda area, and the Heiwajima route.

## ◇平和島◇

　30数年ほど前から、平和島は僕にとっては特別な場所になりました。それは年に5回、東京流通センターで「平和島骨董まつり」が開催されているからです。それまでは何とも思っていなかった骨董市という、新たな楽しみを覚えてしまったからです。

　この日のために小遣いを貯め、やれる仕事は早めに済ませ、開場時間の前に到着し、開場を待つ。和ガラスや古カメラ目当てのライバルが先に並んで待っている。ヤバい。会場内をどう回るかによって、ライバルよりも先に馴染みの店に辿り着くかどうかが決まるので、小走りダッシュせねば。そんな時に限って知り合いの業者さんから声を掛けられ、立ち話が始まる。スミマセン、話は後ほどゆっくりと、ってなやり取りもまた楽し。

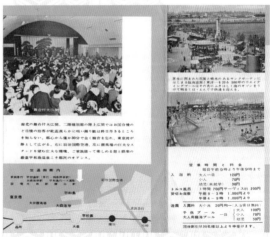

平和島温泉のパンフレット（部分）【昭和戦前期】
**Heiwajima Hot Spring Pamphlet（Part）**
**【Prewar Showa Era】**

大井銀座商店街【昭和戦前期】「大井銀座薄利会通」のタイトルがある、大井町駅東口側の商店街。
**Oi Ginza Shopping Street【Prewar Showa Era】**
A shopping street on the east exit side of Oimachi Station with the title "Oi Ginza Hakurikai Dori".

# 06 CHAPTER 大井・鈴ヶ森
## Omori Beach / Morigasaki

## 06-1 大井町商店街

　かつての東海道本線は、品川駅付近では海沿いに線路があった印象だが、次の大井町駅付近では旧東海道からも離れた陸側を走っていた。この東側には京浜電気鉄道（現・京急）の線路があり、青物横丁駅や鮫洲駅が置かれていた。現在の大井町駅からは、東側に都道420号が延びており、地下を東京臨海高速鉄道りんかい線が走っている。戦前には駅の西側

に著名な料理店の「春秋園」があり、三ツ又交差点付近にある「大井銀座商店街」が賑わいを見せていた。

　青物横丁駅の北側にある品川区立城南小学校は、1874（明治7）年に常行寺で開校し、1880（明治13）年の修成院跡に校舎ができた後、1912（明治45）年に新校舎が誕生している。この学校の卒業生には、ドラマ『花子とアン』のモデルとなった作家の村岡花子がいるが、その後の花子が大森（新井町）で暮らしたことはよく知られている。

（左）大井銀座商店街【昭和戦前期】商店街を歩く買い物客。まだまだ着物姿の人が多かった。
**Oi Ginza Shopping Street【Prewar Showa Era】** Shoppers walking in the shopping district. There were still many people in kimono.
（中）大井銀座商店街【昭和戦前期】それぞれの商店が個性のある看板を掲げて、人々を店に呼び込んでいた。
**Oi Ginza Shopping Street【Prewar Showa Era】** Each store had a unique sign to attract people to the store.
（右）大井三ツ又交差点付近【現在】戦前から有数の商店街があった、大井三ツ又交差点付近。
**Near the Oi Mitsumata intersection【present day】** Near the Oi Mitsumata intersection, which was home to one of the leading shopping streets arcades from the prewar era.

城南尋常小学校【明治後期】1874（明治7）年に開校し、作家の村岡花子らが通った現・品川区立城南小学校。
**Jonan Jinjo Elementary School【Late Meiji Era】** The current Shinagawa Ward Jonan Elementary School, which opened in 1874 (Meiji 7) and was attended by writers Hanako Muraoka and others.

# 06-2 大井町の風景

大井第一尋常小学校【大正期】1875（明治8）年、来迎院の境内で開校した現・大井第一小学校。
**Oi No. 1 Jinjo Elementary School【Taisho Era】** The current Oi No. 1 Elementary School opened in 1875 (Meiji 8) on the grounds of the Raigou-in Temple.

（左）大井町役場【昭和戦前期】1908（明治41）年に大井町が成立、1932（昭和7）年まで存在した。
**238 Oi Town Hall【Prewar Showa Era】** Oimachi was established in 1908 (Meiji 41) and existed until 1932 (Showa 7).

（中）三ツ又通り【昭和戦前期】大井三ツ又通りは、小説・映画の「時代屋の女房」の舞台として描かれている。
**Mitsumata Dori Street【Prewar Showa Era】** Oi Mitsumata Dori Street is depicted as the setting for the novel / movie "Time and Tide".

（右）城南乗合自動車【昭和戦前期】大井周辺に路線があった城南乗合自動車、現在の東急バスの前身のひとつ。
**Jonan Riding Vehicle【Prewar Showa Era】** Jonan Co-op Car, which had a route around Oi, is one of the predecessors of the current Tokyu Bus.

## ◇大井町◇

　僕らみたいなカメラヲタクには、各メーカーの工場や本社のある（あった）街に特別な思いを抱く輩も多いのではないかと。例えばキャノンだと下丸子、トプコンやPENTAXは板橋。そして大井町には、あの日本を代表するNIKONの大井製作所があります。今は残念ながらメインの101号館は解体されてしまったのですが、多くの社員が通勤に利用したことから、「日本光学工業」の社名に由来する「光学通り」と呼ばれる商店街は今でも残っています。近年はスマートフォンの普及も影響してか、カメラメーカーにとってはかなり厳しい時代になってしまったのですが、日本の高度成長期の象徴でもあるここ西大井には、カメラ聖地としての静かな矜持が感じられるのです。

荏原神社、目黒川【大正期】目黒川の北側に鎮座している荏原神社、かつては南品川にあった。
**Ebara Shrine, Megurogawa River【Taisho Era】**
Ebara Shrine, which sits on the north side of the Megurogawa River, was once located in Minami Shinagawa.

# 06-3 荏原神社

荏原神社、目黒川【現在】目黒川に橋が見える。
**You can see the bridge on the magurogawa river【present day】** Bridge can be seen in the Megurogawa River.

荏原神社の本殿【明治後期】荏原神社は、東京遷都の際に明治天皇の内侍所となっている。
**Main shrine of Ebara Shrine【Late Meiji Era】** Ebara Shrine became the Naishidokoro of Emperor Meiji when the capital was relocated

天王祭、神輿の海中渡御【大正期】６月に行われる天王祭では、都内で唯一の御神面神輿海中渡御を見ることができる。
**Tenno Festival, Mikoshi underwater transfer【Taisho Era】** The Tenno Festival held in June is the only time you can see the ritual of underwater transfer of Mikoshi with god mask in Tokyo.

荏原製作所、畠山社長
【昭和戦前期】
「荏原」の名称を冠した世界的企業は現在、羽田旭町に本社を置いている。
Ebara Corporation, President Hatakeyama 【Prewar Showa Era】 The global corporation "EBARA" is currently headquartered in Haneda-asahicho.

# 06-4 荏原製作所

「南の天王社」と呼ばれてきた荏原神社は、709（和銅２）年に大和（奈良）の丹生水上神社より高麗神（水神）の勧請を受け、創建されたといわれる。その後、京都・八坂神社から牛頭天王を勧請し、南品川の鎮守として崇敬を集めてきた。もとは品川貴船社とも呼ばれ、1875（明治８）年に荏原郡の名称から採った荏原神社となった。この神社の位置も変わっており、目黒川はかつて神社の北側を流れていた。荏原神社の例大祭は、品川神社（北の天王社）の例大祭とともに天王祭と呼ばれる。６月初旬に開催されるこの神社の天王祭では、神輿を担いだ勇壮な男たちが海に入る「御神面海中渡御」で有名である。

荏原製作所の起源は1912（大正元）年に井口存屋、畠山一清により創立されたゐのくち式機械事務所で、1920（大正９）年に荏原製作所となった。当初の本社・工場は、荏原郡品川町にあったが、1938（昭和13）年に羽田に新本社・工場を建設して移転している。現在は藤沢、富津工場などが生産拠点で、風水力機械。浄水設備などを生産している。

荏原製作所の羽田第二工場【昭和戦前期】1938（昭和13）年には羽田に工場を建設し、品川から本社を移転した。
Haneda No. 2 Factory of Ebara Corporation【Prewar Showa Era】In 1938 (Showa 13), a factory was built in Haneda and the head office was relocated from Shinagawa.

荏原製作所（コラージュ）【昭和戦前期】1920（大正９）年に社名を変更し、現在の荏原グループの基礎がつくられた。
Ebara Corporation (collage) 【Prewar Showa Era】
The company name was changed in 1920 (Taisho 9), laying the foundation for the current EBARA Group.

荏原稲荷神社【昭和戦前期】
荏原製作所の構内にあった荏原稲荷神社の鳥居と祠。
Ebara Inari Shrine【Prewar Showa Era】
The torii gate and shrine of Ebara Inari Shrine on the grounds of Ebara Corporation.

立会川に架かる浜川橋【大正期】
立会川の川岸に人々がいる風景。奥に架かるのは旧東海道の浜川橋。
Hamakawabashi Bridge over Tachiaigawa River【Taisho Era】
A landscape with people on the banks of the Tachiaigawa River. In the back is the Hamakawabashi Bridge of the former Tokaido road.

# 06-5 立会川

旧東海道、浜川橋付近【昭和戦前期】浜川橋は鈴ヶ森刑場に近く、家族が罪人と別れる意味から「泪橋」といわれていた。
Former Tokaido, near Hamakawabashi Bridge【Prewar Showa Era】Hamakawabashi is close to Suzugamori Execution Ground, and was called "Namidabashi (bridge of tear)" because it is where families parted with the sentenced person.

立会川と浜川橋【現在】旧東海道が立会川を渡る浜川橋。
Tachiaigawa River and Hamakawabashi Bridge【present day】Hamakawabashi Bridge is where the old Tokaido road crosses the Tachiaigawa River.

海上より見た立会川の河口【昭和戦前期】目黒区の碑文谷池から流れ出した立会川は現在、東京湾の勝島運河に注いでいる。
Tachiaigawa River estuary seen from the sea【Prewar Showa Era】Tachiaigawa River, which flows out of Himonyaike Pond in Meguro Ward, currently flows into the Katsushima Canal in Tokyo Bay.

京浜ホテル【昭和戦前期】立会川駅近くにあった、瀟洒な外観の京浜ホテル。
Keihin Hotel【Prewar Showa Era】Keihin Hotel with a stylish appearance near Tachiaigawa Station.

鮫洲の料亭「川崎屋」【明治後期】穴子など江戸前の魚が名物だった鮫洲の料亭「川崎屋」。文人らも利用した。
**Samezu restaurant "Kawasakiya"【Late Meiji Era】** Kawasakiya is a restaurant in Samezu, which was famous for its "Edomae (Tokyo Bay) fish" such as conger eels. The restaurant was popular with writers.

# 06-6 鮫洲

　立会川は目黒区、品川区を流れる二級河川で、その源は目黒区の碑文谷池と清水池である。江戸時代、河口付近の南側には鈴ヶ森刑場があり、旧東海道が立会川を渡る橋は、泪（なみだ）橋と呼ばれた。現在は、浜川橋の名称が使用されており、立会川駅周辺には品川区立浜川小学校、浜川中学校が存在する。また、戦前には立会川駅の駅前に京浜ホテルという瀟洒なホテルが存在した。

　京急の鮫洲駅は、鮫洲運転免許試験場があること

で知られている。駅の南側にある鮫洲八幡神社は、大井御林猟師町（現・鮫洲）の鎮守で、幕府の直轄林だった御林を開かれた大井御林猟師町は、羽田浦、品川浦などとともに御菜肴八ヶ浦のひとつとして江戸城に海産物を献上していた。夏目漱石が訪れたことがある鮫洲の川崎屋は、あなご料理で有名だった。

　「鮫洲」の地名の由来は諸説あるが、1251（建長3）年に品川沖で見つかった大きな鮫の腹から、観音像が出現し、「鮫洲観音」として海晏寺に祀られたことから、寺の門前が鮫洲と呼ばれるようになった説が有力である。

（左）鮫洲八幡神社の大祭【大正期】鮫洲駅の駅前に鎮座している鮫洲八幡神社、かつての例大祭では神輿の海中渡御があった。
**Samezu Hachiman Shrine Grand Festival【Taisho Era】** Samezu Hachiman Shrine, which sits in front of Samezu Station. In old days, it had the ritual of underwater transfer of Mikoshi during the annual festival.

（中）鮫浜小学校【昭和戦前期】現在の野鮫浜小学校は1876（明治9）年、鮫洲学校と浜川学校が合併して誕生している。
**Samehama Elementary School【Prewar Showa Era】** Current Samehama Elementary School was created in 1876 (Meiji 9) through the merger of the Samezu School and the Hamakawa School.

（右）鮫洲の由来、鮫の頭骨【昭和戦前期】鮫洲の地名は、観音像を腹に収めた鮫の頭を祀ったことが由来という説がある。
**Origin of Samezu, skull of sharks【Prewar Showa Era】** Some believe the placename is derived from the enshrining the head of a shark that had a Kannon statue in its belly.

料亭「春秋園」の中庭、各館【昭和戦前期】大井町駅の駅前にあった料亭「春秋園」は、都内でも有名な中華料理店だった。
courtyard of restaurant Shunshuen, each building【Prewar Showa Era】 The restaurant Shunshuen in front of Oimachi Station was a famous Chinese restaurant in Tokyo.

# 06-7 大井の料亭

料亭「春秋園」の洋館娯楽室【昭和戦前期】
Western-style entertainment room of the restaurant Shunshuen【Prewar Showa Era】

料亭「春秋園」の別館【昭和戦前期】
Annex of restaurant Shunshuen【Prewar Showa Era】

料亭「春秋園」の正面玄関【昭和戦前期】
「春秋園」は1932（昭和7）年、力士らが待遇改善を求めた争議の舞台となった。
Front entrance of the restaurant Shunshuen
【Prewar Showa Era】
In 1932 (Showa 7), Shunshuen became the stage of a dispute among sumo wrestlers seeking improved wages.

料亭「末広支店」の玄関【昭和戦前期】大井海岸にあった料亭「末広支店」の玄関。
**Entrance of the restaurant "Suehiro Shiten"【Prewar Showa Era】**
The entrance of the restaurant Suehiro Shiten on the Oi coast.

料亭「末広支店」の庭園【昭和戦前期】
「末広支店」の庭園に若い女性（芸妓）が集まっている。
**Garden of restaurant Suehiro Shiten【Prewar Showa Era】**
Young women (geiko) are gathering in the garden of the Suehiro Shiten.

料理店「水半支店」【昭和戦前期】
大井町にあった料理店「水半支店」、従業員や顧客が店の内外を埋めている。
**Restaurant "Mizuhan Shiten"【Prewar Showa Era】**
The restaurant Mizuhan Shiten in Oimachi, employees and customers fill the inside and outside of the store.

　ここでいう大井の料亭とは、現在の品川区東大井、南大井あたり、当時は大井海岸と呼ばれていた地区と、大井町駅付近のものを合わせたものを指す。京急の大森海岸駅の所在地は南大井３丁目だが、大田区側（大森北２丁目）にまたがっているように、大井海岸と大森海岸は地続きであったことから、大井海岸の料亭は、大森海岸と表記される場合もある。

　大井町駅付近にあった料理店「春秋園」は、規模の大きな中華料理で、1932（昭和７）年に発生した相撲力士による争議事件で有名である。「春秋園事件」と呼ばれたこの騒動は、当時の大日本相撲協会に待遇改善などを求めた力士がこの料理店に立て籠もったもので、大規模な力士のストライキだった。また、大井海岸には「末広（支店）」「悟空林」といった料理店が存在しており、大森海岸とともに芸者と遊興できる三業地（花街）として知られていた。

鈴ヶ森、旧東海道【明治後期】「品川六景」のひとつに数えられていた鈴ヶ森の海岸風景。
Suzugamori, former Tokaido road【Late Meiji Era】
The coastal scenery of Suzugamori, which was counted as one of the "Shinagawa Six Views".

# 06-8 鈴ヶ森海岸

　江戸の刑場があった場所として有名な鈴ヶ森は歌舞伎、落語などにも登場する。江戸前期の1651（慶安4）年に開設された鈴ヶ森刑場があった場所は、東京湾に面した海岸沿いで、一本の老松にちなんで「一本松」の地名が生まれた。また、「鈴ヶ森」の地名は、鈴ヶ森八幡（現・磐井神社）の社に音の出る鈴石があったことによる。現在、鈴ヶ森刑場の跡地は日蓮宗の寺院、大経寺の境内にあり、題目供養塔などが残されている。その後、このあたりは大井鈴ヶ森町になり、現在は南大井2・3・4丁目に変わっている。

　一方、近代の鈴ヶ森は、風光明媚な海岸として、夏には海水浴場として賑わい、旅館・料亭が建ち並ぶ歓楽街（花街）となっていた。京急本線が1904（明治37）年、品川（現・品川）駅まで延伸した際には、立会川〜八幡（海岸）間に鈴ヶ森駅が開業している。この鈴ヶ森駅は1942（昭和17）年に廃止された。

（左）鈴ヶ森の松林【明治後期】旧東海道に沿って植えられていた鈴ヶ森の松林。
**Suzugamori Pine Forest【Late Meiji Era】** A pine forest in Suzugamori that was planted along the former Tokaido road.
（右）鈴ヶ森海岸、屋台のある風景【明治後期】景勝地として知られた鈴ヶ森海岸、蕎麦屋の屋台で食事をする人のいる風景か。
**Suzugamori coast, landscape with food stalls【Late Meiji Era】** Perhaps it is the scenery of people eating at the Soba restaurant stalls on the Suzugamori coast known as a scenic spot.

鈴ヶ森刑場跡【明治後期】
1651（慶安4）年に開設された鈴ヶ森刑場の跡。さまざまな供養塔が残っている。
**Suzugamori Execution Grounds Remains【Late Meiji Era】**
Remnants of the Suzugamori Execution Grounds, which was opened in 1651 (Keian 4). Various memorial towers remain.

鈴ヶ森刑場跡【昭和戦前期】
東京都指定文化財、鈴ヶ森刑場跡地を示す立て札と題目供養塔。
**Suzugamori Execution Grounds Remains【Prewar Showa Era】** A sign showing the site of the Suzugamori Execution Ground Remains, a cultural property designated by the Tokyo Metropolitan Government, and a memorial tower.

鈴ヶ森刑場跡【現在】
遺跡として整備されている鈴ヶ森刑場跡。
**Suzugamori Execution Ground Ruins【present day】**
The site of the Suzugamori Execution Ground, which is maintained as an archaeological site.

（左）鈴ヶ森海岸、漁舟【大正期】
**Suzugamori coast, fishing boat【Taisho Era】**

（右）鈴ヶ森刑場、題目供養塔【大正期】
1698（元禄11）年、法春比丘尼が建てたという題目供養塔。
**Suzugamori Execution Ground, Title Memorial Tower【Taisho Era】**
A memorial tower that is said to be built by the nuns of Hoharu Hioka in 1698 (Genroku 11).

# 大井（昭和4年）

帝国陸軍参謀本部陸地測量部発行「1/10000地形図」

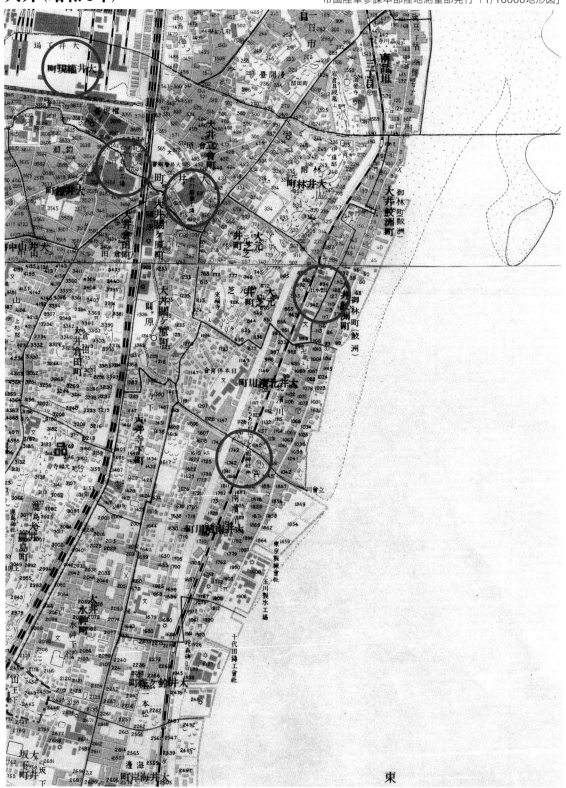

この地図一帯には、「鮫洲町（御林町）」「鈴ヶ森町」「海岸町」「鎧町」の前に「大井」を加えた名称の町が広がっている。東海道本線の大井町駅北側、大井権現町と南品川六丁目にまたがって国鉄の大井工場がある。大井町駅の西側には合同毛織工場、東側には市川鉛筆工場が存在した。このあたりを流れる立会川は南に向かい、途中の立会川駅付近に天祖神社が鎮座している。京急本線には立会川駅と鮫洲駅の中間に、今はない浜川駅が置かれていた。

# 大井（昭和30年）

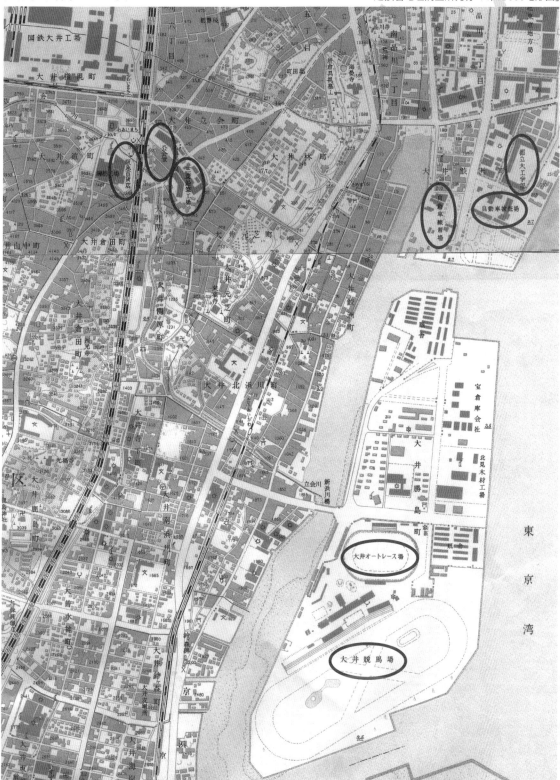

多くの埋立地が誕生し、海岸線は大きく変化している。大井鮫洲町には警視庁の自動車練習場・検車場が誕生し、「鮫洲」の地名を有名にしていった。この北に見える都立大学工学部は現在、都立産業技術高専となっている。立会川の河口付近には新浜川橋が架けられて、大井勝島町に大井競馬場、大井オートレース場が開場、工場や倉庫もできていた。大井町駅付近の工場は三菱鉛筆、鐘紡工場になり、阪急百貨店、品川文化会館公会堂が誕生している。

梅屋敷の門【明治後期】
江戸時代以来の観光名所、蒲田梅屋敷にあった簡素な門と女性、子供。
**Umeyashiki Gate 【Late Meiji Era】**
A simple gate, women, and children at Kamata Umeyashiki, a tourist attraction since the Edo period.

# 07 CHAPTER 娯楽と産業の蒲田
## Entertainment and Industry in Kamata

## 07-1 蒲田梅屋敷

東海道本線と第一京浜（国道15号）に挟まれた、環八通りの北側が現在の大田区蒲田1～5丁目。その北東の角に置かれているのが、京急の梅屋敷駅である。1901（明治34）年の開業で、当初は道路（東海道）上の停留場だった。この駅が「梅屋敷」と呼ばれるのは付近に梅見の名所があったからである。駅南側の聖蹟蒲田梅屋敷公園は、その名所の名残であり、

「聖跡」というのはここを明治天皇が9度も行幸したからである。

江戸時代の蒲田では、農家が梅干しを作るために多くの梅の木を植えていたが、やがて蒲田で「和中散」という薬舗を経営していた山本和三郎が、文政年間（1818～31年）に梅の老木を集めて庭園を造って茶屋を開いたことで、梅屋敷として有名になってゆく。明治期にも、蒲田の梅屋敷は、亀戸と並ぶ東京の梅見の名所となっていた。しかし、京浜電気鉄道の用地となった後、国道（第一京浜）の拡幅で園は東西に分離された。その後、地元で整備、取得された西側の土地、建物が東京市に寄付され、1939（昭和14）年に聖蹟蒲田梅屋敷公園が開園した。1953（昭和38）年には大田区立の公園に変わった。

**（左）梅屋敷、鳥居【大正期】** 明治時代には、明治天皇をはじめとする皇族、多数の著名人が訪れた。
**Umeyashiki, Torii 【Taisho Era】** During the Meiji era, the royal family including the Emperor Meiji, and many celebrities visited here.
**（中）梅屋敷、亭【大正期】** 園内には来訪者が休憩できる建物も建っていた。
**Umeyashiki, bower 【Taisho Era】** There was also a building in the park where visitors could rest.

梅屋敷、御殿【昭和戦前期】蒲田梅屋敷は1920（大正9）年、京浜電気鉄道が所有することになった。
**Umeyashiki, palace【Prewar Showa Era】**
Kamata Umeyashiki became to be owned by Keihin Electric Railway in 1920 (Taisho 9).

（左）梅屋敷、正門【昭和戦前期】1925（大正14）年から、「明治天皇蒲田御遺蹟保存会」により園内の整備が行われた。
**Umeyashiki, main gate【Prewar Showa Era】**
From 1925 (Taisho 14), the park was maintained by the Emperor Meiji Saint Remains Preservation Society.

（中）梅屋敷の御幸橋【大正期】明治天皇の足跡が残ることを示す蒲田梅屋敷の御幸橋。
**Miyukibashi Bridge in Umeyashiki【Taisho Era】**
Miyukibashi Bridge in Kamata Umeyashiki, showing footprints of Emperor Meiji.

（右）梅屋敷、御聖間【大正期】明治天皇の滞在をもとに命名された蒲田梅屋敷の御聖間。
**Umeyashiki, holy room【Taisho Era】**
The sacred room of Kamata Umeyashiki, which was named after Emperor Meiji stayed there.

梅屋敷を逍遥する女性【明治後期】
蒲田梅屋敷の遊歩道を歩く女性たち、紫の袴の女学生か。
**Women strolling around Umeyashiki【Late Meiji Era】**
Women walking along the promenade of Kamata Umeyashiki. Perhaps they are female students with purple hakama.

聖蹟蒲田梅屋敷公園【現在】
梅屋敷の跡地に整備された、聖蹟蒲田梅屋敷公園。
**Seiseki Kamata Umeyashiki Park【present day】**
Seiseki Kamata Umeyashiki Park is developed on the site of the former Umeyashiki.

菖蒲園の水路、橋と舟【大正期】蒲田菖蒲園では、水路を使って園内の花を見ることができた。
**Iris garden waterways, bridges and boats【Taisho Era】**
At Kamata Iris Garden, people were able to see the flowers in the garden using the

# 07-2 蒲田菖蒲園

　蒲田の市街地を流れる呑川には、JR蒲田駅の東側に「菖蒲（あやめ）橋」という橋が架けられている。この北側、蒲田1丁目にある蒲田小学校付近には明治から大正にかけて、もうひとつの花の名所、蒲田菖蒲園が存在した。

　1902（明治35）年、「横浜植木」が磯子にあった菖蒲園を閉鎖して、蒲田に新たな菖蒲園を開いた。

　この「横浜植木」はアメリカに花菖蒲を輸出する会社で、増産のために呑川沿いに約3万3000平方メートルの菖蒲園を設けた。当初は菖蒲の栽培地だったが、牡丹や藤、桜などの花木を植えて、鳥や猿なども飼育し、茶店なども備えた観光地となった。しかし、輸出用の花菖蒲は病害などで衰退し、蒲田菖蒲園も1921（大正10）年に閉園となった。

菖蒲園の女性【明治後期〜大正期】1902（明治35）年に開園した蒲田菖蒲園を散策する女性たち。
**Women in the iris garden【Late Meiji to Taisho Era】**
Women walking around Kamata Iris Garden, which opened in 1902 (Meiji 35).

菖蒲園、日本家屋【明治後期】園内では各所に休憩ができる日本家屋が建てられていた。
Iris Garden, Japanese house【Late Meiji Era】Japanese houses were built in various places in the park where visitors could rest.

（左）菖蒲園、回廊【大正期】回廊のように巡らされた休憩所でくつろぐ人々の姿がある。
Iris Garden, corridor【Taisho Era】There are people relaxing in the rest areas that are laid out like a corridor.

（右）菖蒲園、猿と犬【大正期】園内では猿や鳥などの小動物が飼われていた。
Iris Garden, monkeys and dogs【Taisho Era】Small animals such as monkeys and birds were kept in the park.

（左）菖蒲園、2人の女性【明治後期～大正期】菖蒲の花に囲まれてポーズを決める2人の女性。
Iris Garden, two women【Late Meiji to Taisho Era】Two women pose surrounded by iris flowers.

（右）菖蒲園、藤【明治後期】園内で展示されていた藤の花の鉢植え。
Iris Garden, Japanese wisteria【Late Meiji Era】A potted plant of wisteria flowers exhibited in the park.

蒲田撮影所の全景【大正期】蒲田撮影所の全景と、講演会の講師を務めた菅原教造教授。
**Overall view of Kamata Film Studio【Taisho Era】**
A panoramic view of Kamata Film Studio and Professor Kyozo Sugawara who served as a lecturer.

# 07-3 松竹蒲田撮影所

「蒲田行進曲」で知られる映画の街・蒲田。しかし、この地に松竹蒲田撮影所があったのは1920〜1936（大正9〜昭和11）年の15年余りで、その痕跡はほとんど残されていない。　演劇興行会社だった松竹は、1920（大正9）年に松竹キネマ合名社を創立。当時の蒲田村（現・大田区蒲田5丁目）にあった中村化学研究所の跡地、約9000坪と事務所を買収して、松竹蒲田撮影所を開いた。煉瓦造りの事務所はそのまま使用し、屋根をガラス張りしたグラスステージ、ダークステージの2つのスタジオを建設した。初代の撮影所長は田口桜村で、野村芳亭、城戸四郎が2・3代目の所長を務めた。

この蒲田撮影所には、野村やヘンリー・小谷、五所平之助、小津安二郎、成瀬巳喜男らの監督、栗島すみ子、川田芳子、五月信子、田中絹代らの女優が所属。小谷の「虞美人草」、五所の「伊豆の踊子」「マダムと女房」、小津の「東京の合唱」などの作品が生み出された。しかし、都市化が進んだ蒲田の街では、工場の騒音などの影響もあり、1936（昭和11）年に神奈川・大船の松竹大船撮影所に移転した。跡地は、高砂香料工業の工場となり、1998（平成10）年に大田区民ホール「アプリコ」などがあるアロマスクエア街区となっている。

**（左）蒲田撮影所の門【昭和戦前期】** 松竹キネマ蒲田撮影所の入り口、門。
**Kamata Film Studio Gate【Prewar Showa era】** The entrance and gate of Shochiku Kinema Kamata Film Studio.

**（中）蒲田撮影所、映画撮影【昭和戦前期】** 日本初のトーキー映画「マダムと女房（隣の雑音）」の撮影風景。
**Kamata Film Studio, movie shoot【Prewar Showa era】** Shooting scenery of Japan's first talkie movie "Madame and Wife (Noises from Next Door)".

**（右）松竹橋の橋桁【現在】** 大田区民ホールのロビーに再現されている松竹橋の橋桁。
**Girder from the Shochikubashi Bridge【present day】** A girder from the Shochiku Bridge has been reproduced in the lobby of the Ota Ward Hall.

野球ユニフォームを着た女優、電車【昭和戦前期】野球ユニフォームを
着た２人の女優の背景には、京浜間を走る電車の姿がある。
**Actress wearing a baseball uniform, train,【Prewar Showa Era】**
Behind the two actresses in baseball uniforms is the train that
operates along Keihin.

映画撮影の風景、田口桜村所長【大正期】ヘンリー・小
谷監督による映画の撮影風景と、田口桜村・初代所長。
**Movie shooting scenery, Director Oson Taguchi
【Taisho Era】** Filming scene of the movie directed
by Henry Kotani and Oson Taguchi, the first
studio director

# 07-4
# 映画の街・蒲田

東京映写機製作所、ベル映写機【昭和戦前期】
蒲田にあった東京映写機製作所のベル映写機８号型。
**Tokyo Projector Mfg., bell projector【Prewar Showa Era】**
Bell projector No. 8 from Tokyo Projector Mfg. Co., Ltd. in
Kamata.

女優、大塚君代【昭和戦前期】松竹蒲田撮影所の女優
だった大塚君代。クラブ白粉の広告絵葉書。
**actress, Kimiyo Otsuka【Prewar Showa Era】**
Kimiyo Otsuka was an actress at Shochiku
Kamata Film Studio. Advertising postcard for club
"Oshiroi (white powder)".

# 07-5 黒澤商店

黒澤商店、蒲田工場【昭和戦前期】銀座のタイプライター会社、黒澤商店は蒲田に共同生活に伴う理想工場村を建設した。
**Kurosawa Shoten, Kamata Factory【Prewar Showa Era】**
Kurosawa Shoten, a typewriter company in Ginza, has built an ideal factory village in Kamata for communal living.

　1901（明治34）年、渡米先から戻った黒澤貞次郎は、銀座に黒澤商店（現・クロサワ）を創業。1916（大正5）年、蒲田に工場を設けて電信用タイプライターの製造・販売を開始した。この工場には、黒澤が掲げた「理想工場村（吾等が村）」の構想により、社宅や水道、幼稚園、小学校などが設置され、従業員が共同生活を行う場となっていた。戦後、黒澤商店は富士通と共同出資して黒沢通信工業を設立し、蒲田工場は富士通の敷地となった。現在は富士通ソリューションスクエアとなり、一部は新蒲田公園などに変わっている。

蒲田の草分け黒澤工場

黒澤商店の蒲田工場、地図【昭和戦前期】
蒲田駅付近にあった黒澤商店の蒲田工場を示す地図。
**Kamata Factory of Kurosawa Shoten, map【Prewar Showa Era】**
A map showing the Kamata factory of Kurosawa Shoten near Kamata Station.

黒澤商店蒲田工場施設

幼稚園及び尋常小學校

黒澤商店の幼稚園、小学校【昭和戦前期】
黒澤商店の理想工場村には幼稚園、小学校などもあった。
**Kurosawa Shoten's kindergarten, elementary school【Prewar Showa Era】**
There were also kindergartens and elementary schools in the ideal factory village of Kurosawa Shoten.

黒澤商店蒲田工場施設

従業員住宅街

黒澤商店の従業員住宅街【昭和戦前期】工場などは合併した富士通の敷地となり、その後に都営住宅などに変わった。
Kurosawa Shoten's employee housing district【Prewar Showa Era】The factories and other facilities became the site of Fujitsu Limited., and later became metropolitan housing.

(左)黒澤商店の貯水施設、池【昭和戦前期】工場敷地には、水道などのインフラも整備されていた。
Kurosawa Shoten's water storage facility, pond【Prewar Showa Era】Water supply and other infrastructure was maintained on the factory site.
(右)黒澤商店の食堂、浴場【昭和戦前期】Kurosawa Shoten's cafeteria and bathhouse【Prewar Showa Era】

(左)黒澤商店の工場施設【昭和戦前期】黒澤商店は現在、事務機器の商社として銀座で存続している。
Kurosawa Shoten's factory facility【Prewar Showa Era】Kurosawa Shoten today is a trading company for office equipment in Ginza.
(右)黒澤商店のパンフレット【昭和戦前期】Kurosawa Shoten's pamphlet【Prewar Showa Era】

東京瓦斯電気工業、大森工場【大正期】いすゞ自動車の前身となった東京瓦斯電気工業は、大森に自動車製造工場を設けた。
**Tokyo Gas Electric Engineering Company, Omori Factory【Taisho Era】** Tokyo Gas Electric Engineering Company, the predecessor of Isuzu Motors Ltd., established an automobile manufacturing plant in Omori.

# 07-6 蒲田・大森の工場

大森には、明治末期に東京瓦斯の大森製造所が製造され、このガスタンクは大森の新しいランドマークとなった。これに続いて、東京瓦斯電気工業（いすゞ自動車などの前身）などが大森に進出した。また、蒲田には黒澤商店のほか、新潟鉄工所や高砂香料（現・高砂香料工業）などが工場を構えた。

南側の六郷地区には、大正から昭和にかけて多くの企業、工場が進出してくる。代表的なものは大倉陶園、三省堂印刷、宮田製作所など。宮田製作所は1920（大正9）年、雑色駅付近に約1万坪の土地を入手し、自転車の製作を行った。この工場は1964（昭和39）年に茅ヶ崎に移転し、その後は第一屋製パン本社工場をへて、現在は都立六郷工科高等学校になっている。

（右中）東京瓦斯　大森製造所【明治後期～大正期】1908（明治41）年、現・大森東3丁目に誕生した東京瓦斯（ガス）の大森製造所。
**Tokyo Gas Omori Factory【Late Meiji to Taisho Era】** The Omori Factory of Tokyo Gas was established in 1908 (Meiji 41) at the current Omori Higashi 3-chome.

（右下）山田車室工場、遊覧自動車【昭和戦前期】遊覧自動車（バス）の製造に携わっていた蒲田の山田車室工場。
**Yamada cabin factory, sightseeing vehicle【Prewar Showa Era】** Yamada cabin factory in Kamata, which was involved in the manufacture of sightseeing vehicles (buses).

二〇九二田蒲・電　場工室車田山　田蒲・京東

**東京無線電機株式会社【昭和戦前期】**
1922（大正11）年、神戸製鋼所の子会社（ラジオ受信機）として蒲田に設立された。
**Tokyo Radio Electric Co., Ltd.【Prewar Showa Era】**
Established in Kamata in 1922 (Taisho 11) as a subsidiary (radio receivers) of Kobe Steel, Ltd.

**（左）宮田製作所、六郷新工場【昭和戦前期】** 自転車メーカーとして知られる宮田製作所は、六郷町に本社・新工場を置いた。
**Miyata Seisakusho, Rokugo New Factory【Prewar Showa Era】** Miyata Seisakusho, known as an automobile manufacturer, has its head office and new factory in Rokugo-cho.

**（右）不二瓦、大森工場【大正期〜昭和戦前期】** 大森にあった不二瓦の工場。詳細は不明。
**Fuji tile Corporation, Omori factory【Taisho to Prewar Showa Era】** Fuji tile's factory in Omori. Details unknown.

**日本計器製造株式会社【昭和戦前期】**
現・大田区矢口にあった日本計器製造株式会社。
**Nippon Keiki Manufacturing Co., Ltd.【Prewar Showa Era】**
Nippon Keiki Manufacturing Co., Ltd. located in current Yaguchi, Ota-ku.

**内外編物 蒲田工場【昭和戦前期】**
内外編物（現・ナイガイ）の蒲田工場における作業風景。
**Naigai Knitting Co., Ltd., Kamata factory【Prewar Showa Era】** Scene of work at Kamata factory of Naigai Knitting (currently Naigai).

# ◇蒲田◇

　蒲田の駅前にある学校のホールで何度かフォークライブをさせて頂いたことがあります。進行役はいつものようになぎら健壱さんと僕なのですが、ゲストが遠藤賢司、高石トモヤ、友川カズキ（敬称略）という、フォーク畑の中でもかなり濃いメンバーでした。それぞれの方々とセッションをしようということになると、なかなか上手く合わない。と言うか皆さん独自のリズムや歌い回しがあるので、合わせるのはかなり至難の技です。特に友川

さんの「生きているって言ってみろ〜〜〜！」の歌に、とうとうなぎらさんは諦めたのか、「幸ちゃん、やっといて」と。

　かつてのフォークの先輩たちには物凄いオーラと癖があります。そのオーラに立ち向かうよりは、溶け込むかかき消される方が賢明で安全。それが長年の先輩たちとのお付き合いの中で得た最強の対応策なのです。「猛獣」たちに牙をむいても、そりゃ到底敵いやしませんから。

# 蒲田（昭和3年）

帝国陸軍参謀本部陸地測量部発行「1/10000地形図」

国鉄蒲田駅の東側には松竹蒲田（キネマ）撮影所、西側には黒澤工場があった。また、駅付近には新潟鉄工所、無線電機会社の工場も存在した。一方、京浜蒲田駅の北西には日本自動車学校が見える。発展途上にあった蒲田の街だが、この時期、まだ南側には農地が多く残っていた。京急本線には蒲田警察署付近に出村駅が置かれていた。北側の梅屋敷駅付近には聖蹟蒲田梅屋敷公園が見えるが、新国道の開通によって園地が東西に二分されている。なお、蒲田区の成立は1932（昭和7）年であり、地図上の「蒲田区」の文字は応急的に刷り込まれたものである。

# 蒲田（昭和30年）

建設省地理調査所発行「1/10000地形図」

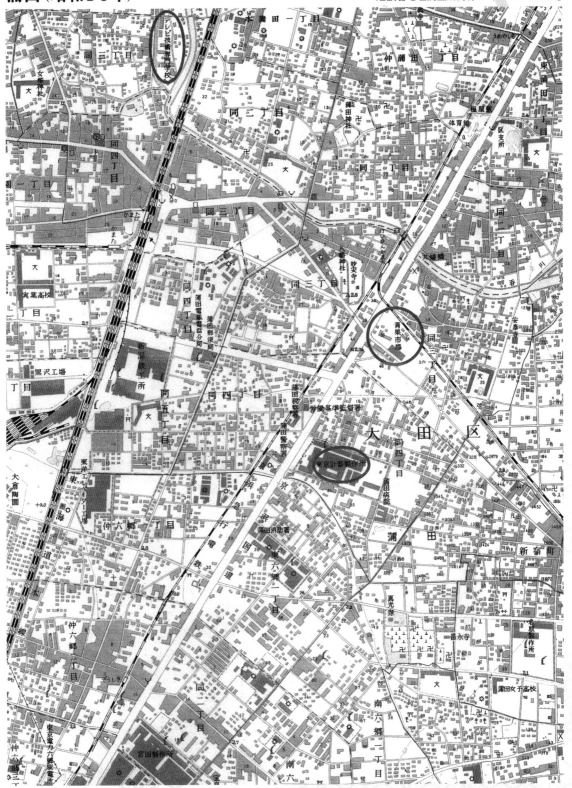

戦災で被害を受けた国鉄蒲田駅周辺の整備はこれからだが、既に駅前から東に延びる道路は拡張されている。西口の北側には、戦後すぐにテレビ技術専門学校（現・日本工学院）が誕生していた。京浜蒲田駅の南側に見える青果市場は、東京都中央卸売市場荏原市場蒲田分場で、現在は大田市場に統一されている。蒲田警察署の東側には東京計器製作所の工場がある。戦前に存在した松竹蒲田撮影所は大船に移転し、日本自動車学校も姿を消している。

# 蒲田（昭和59年）

建設省国土地理院発行「1/10000地形図」

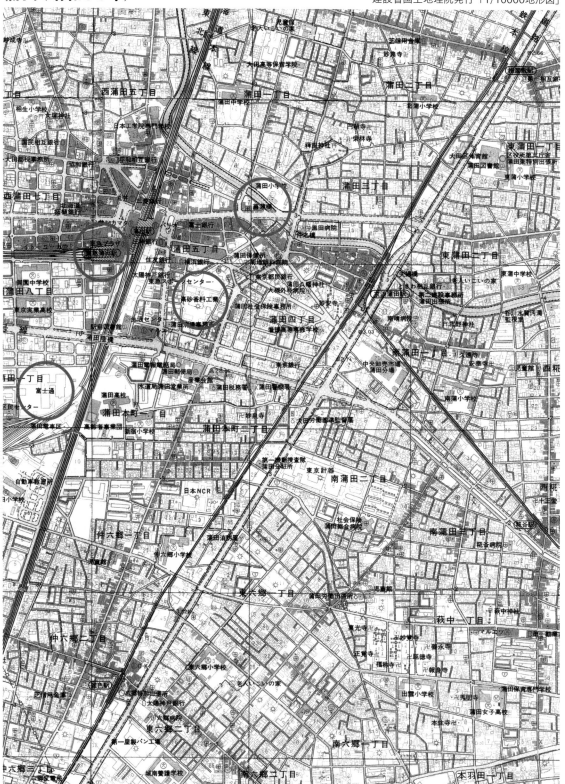

国鉄の蒲田駅では西口側に東急プラザが誕生し、東急線との接続が便利になっている。東口側でも駅ビルが建設され、駅前には都市銀行の支店が集まっている。撮影所の跡地は高砂香料工場に変わっている。黒澤工場の本社・工場は合併により、富士通の用地となっている。蒲田の街を横切るように流れている呑川も整備されて、菖蒲（あやめ）橋が架けられている。この橋は明治、大正期に存在した花の名所、蒲田菖蒲園から名付けられている。

# あとがき

　正直言いますと、これまで大田区と聞いても特別に意識したこともなく、そういえばラッツ＆スターのマーチン（鈴木雅之氏）が大森生まれだったな、くらいの認識でありました。それがまたしても、突如（悪い癖とはわかっていますが）、羽田穴守、大森海岸あたりに興味が湧き、数年前から古絵葉書を集めていたおかげで、こうしてシリーズ第2弾が出来上りました。撮影のために下調べをしたり、実際に現地を訪れてみたりして、さらに深みにハマって行き、持病である「知りたがり病」が再発です。

　大田区では他にも洗足池や池上など、まだまだ気になる場所があったのですが、スペース的にも時間的にも限りがあります。それはまたの機会に…。

　二度あることは三度あると言います。もし第3巻があるとしたら、皆様とどんな街でお会いできるのか、僕自身も楽しみにしております。

THE ALFEE　　坂崎幸之助


　羽田の街は江戸の漁師町、東京湾の砂洲から、明治には人気神社の門前町となり、大正・昭和の行楽地を経て、現在は東京国際空港のお膝元、首都・東京の空の玄関口となっています。大森は海岸リゾート・別荘地だった歴史があり、蒲田は映画の街として多くの人々の記憶の中に残っています。今回はそんな東海道沿いの3つの街（羽田・大森・蒲田）の風景変遷史を取り上げました。現在、ここは大田区に含まれていますが、一部の地域（大井町）は品川区に属しています。

　また、かつては大森区、蒲田区が存在し、羽田町や蒲田町、入新井町、六郷町などがあった歴史も。そんな重層の場所の掘り起こしに、少なからず苦労した部分もあります。その際にお世話になったのが、太田区立歴史博物館の築地貴久さんと大田区立羽田図書館の雨甲斐克枝さん。多数の的確なアドバイスをいただいた地域スペシャリストのおふたりに対して、深く感謝を申し上げます。

絵葉書・地域史研究家　　生田　誠

## 【著者プロフィール】

**坂崎 幸之助**
（さかざき こうのすけ）

1954年、墨田区の酒屋の次男坊として生を受ける。今年でプロデビュー46年になる日本の老舗バンド「THE ALFEE」のボーカル＆ギター。本職の音楽以外でも趣味や興味の範囲が広く、和ガラス、古カメラ、古絵葉書、古写真、浅草十二階もの、セルロイドなどの蒐集、さらに両生爬虫類や魚類の飼育等々とどまるところを知らない。自らの手による写真と書を組み合わせた書写真展を毎年二回ずつ開催し、他にも各専門書への執筆活動など毎年のライブツアーの合間を見つけては、忙しくも楽しんでいる。現在ラジオ番組のパーソナリティーとしても活躍中。「K'stransmission」（FM NACK5）、「坂崎さんの番組という番組」（JFN系列）、「THE ALFEE 終わらない夢」（NHK-FM）。著書には「吉田拓郎のワイハーへ行こう！」（共著 ワールドフォトプレス）、「和ガラスに抱かれて」（平凡社コロナ・ブックス）、「ネコロジー」（再編集 河出書房新社）、「NEW YORK SNAP」（アルファベータ）、「書写真集 記念」（芸術新聞社）などがある。

**生田 誠**（いくた まこと）

1957年、京都市東山区生まれ。実家は三代続いた京料理店。副業として切手商を営んでいた父の影響を受け、小さい頃より切手、切符、展覧会チケットなどの収集を行う。京都市立堀川高校を卒業して上京し、東京大学文学部美術史専修課程で西洋美術史を学んだ。産経新聞文化部記者を早期退職し、現在は絵葉書・地域史研究家として執筆活動などを行っている。著書は「ロスト・モダン・トウキョウ」（集英社）、「モダンガール大図鑑　大正・昭和のおしゃれ女子」（河出書房新社）、「2005日本絵葉書カタログ」（里文出版）、「日本の美術絵はがき　1900-1935」（淡交社）、「東京古地図散歩【山手線】」（フォト・パブリッシング）ほか多数。

# ふるさと東京 今昔散歩
## 第2巻 羽田・大森・蒲田編

2021年5月1日　第1刷発行

著　者……………………坂崎幸之助、生田 誠
発行人…………………高山和彦
発行所…………………株式会社フォト・パブリッシング
　　　　　　　　　〒161-0032　東京都新宿区中落合2-12-26
　　　　　　　　　TEL.03-5988-8951 FAX.03-5988-8958
発売元…………………株式会社メディアパル（共同出版者・流通責任者）
　　　　　　　　　〒162-8710　東京都新宿区東五軒町6-24
　　　　　　　　　TEL.03-5261-1171 FAX.03-3235-4645
デザイン・DTP………柏倉栄治（装丁・本文とも）
印刷所…………………株式会社シナノパブリッシング

ISBN978-4-8021-3243-5 C0026